Leben
Umweltschutz
Abrüstung
ng

Aktion Sühnezeichen/Friedensdienste
Aktionsgemeinschaft Dienst für den Frieden (Hg.):

Bonn 10. 10. 1981

Friedensdemonstration für Abrüstung und Entspannung in Europa · Reden, Fotos ...

Redaktion:
Volkmar Deile, Ulrich Frey, Thomas Hartmann,
Alwin Meyer, Andreas Zumach

Lamuv Verlag

1. Auflage, 1.–30. Tausend, November 1981

Umschlagentwurf und Gestaltung: Alwin Meyer
Umschlagfoto: Alwin Meyer
Umschlagzeichung: Interkirchlicher Friedensrat (Niederlande)
Gesamtherstellung: Steidl, Düstere Straße 4, 3400 Göttingen
ISBN 3-921521-46-7

Inhaltsverzeichnis

Gegen die atomare Bedrohung gemeinsam vorgehen! – Für Abrüstung und Entspannung in Europa! Aufruf zur Demonstration und Kundgebung am 10.10. in Bonn

Die 80er Jahre werden mehr und mehr zum gefährlichsten Jahrzehnt in der Geschichte der Menschheit. Ein 3. Weltkrieg wird aufgrund der weltweiten Aufrüstung immer wahrscheinlicher. Seit mehr als 30 Jahren haben die Militärblöcke der NATO und des Warschauer Paktes so viele Waffen angehäuft, daß jedes Leben auf der Erde mehrfach vernichtet werden kann. Wir in Europa sind durch die Stationierung neuer Atomwaffen in besonderer Weise bedroht.

Deshalb rufen Friedensorganisationen aus den Niederlanden, der Bundesrepublik Deutschland und anderen europäischen Ländern zu einer Demonstration und Kundgebung am 10. 10. 1981 in Bonn auf.

- Wir wehren uns gegen neue Atomwaffen in Europa.
- Wir fordern die Regierungen der Mitgliedsländer der NATO auf, ihre Zustimmung zum Beschluß über die Stationierung neuer Mittelstreckenraketen zurückzuziehen. Damit soll der Weg für die Verringerung der Atomwaffen in West- und Osteuropa geöffnet werden mit dem Ziel, einen wechselseitigen umfassenden Abrüstungsprozeß in Gang zu setzen.
- Wir treten ein für ein atomwaffenfreies Europa, in dem Atomwaffen weder hergestellt, noch gelagert oder verwendet werden. Dies gilt auch für andere Massenvernichtungswaffen.
- Unsere Regierungen müssen eigene Initiativen für wirksame Abrüstungsverhandlungen und zur Fortsetzung der Entspannungspolitik ergreifen.

Wir sind alle aufgerufen, uns mit Mut, Kraft, Phantasie und langem Atem gegen einen drohenden Atomkrieg zu wehren und Alternativen zur gegenwärtigen Militärpolitik zu entwickeln.

Der Plan und der Aufruf entstanden in Kooperation von niederländischen und deutschen Friedensorganisationen. Veranstalter auf deutscher Seite sind die Aktion Sühnezeichen/Friedensdienste und die Aktionsgemeinschaft Dienst für den Frieden.

GITIZAD
ABRÜSTUNG
USA
ABFALL
JETZT
JETZT
JETZT

Vorwort

Die Demonstration vom 10. 10. 1981 in Bonn wird einmal als Wendepunkt europäischer Friedenspolitik betrachtet werden. Sie war der Ausgangspunkt von Demonstrationen gegen die nukleare Aufrüstung in ganz Westeuropa. Millionen von Menschen haben sich an diesen Demonstrationen beteiligt. Unbescheiden kann man sagen, daß durch diese und in diesen Demonstrationen eine neue Gesinnung ihren Ausdruck findet, die auf politische Realisierung drängt. Die Demonstrationen zeigen, daß wachsende Teile der Bevölkerung Westeuropas dem Rüstungswettlauf Einhalt gebieten wollen und werden.

In der Vorgeschichte der Demonstration hat es vielfältige Irritationen gegeben. Die Parteien unseres Landes, entweder kritiklos jeder amerikanischen Politik applaudierend oder so in internationale Strukturen und Kräfteverhältnisse eingebunden, daß sie diese Zwänge nicht glauben verändern zu können, reagierten politisch völlig unzureichend. Diffamierungen, Unterstellungen und Verleumdungen auf der einen Seite, Integrationsversuche über Dialogversuche (besonders mit der »Jugend«) auf der anderen Seite, aber kein Eingehen auf die Gründe, deretwegen 300 000 Menschen nach Bonn kamen. Unterstützt wurden diese kläglichen Versuche durch einen Großteil der Journaille, die über alles sprach und schrieb, nur nicht über das Anliegen des Aufrufes zur Demonstration. Die sogenannte öffentlich-rechtlichen Rundfunk- und Fernsehanstalten haben ihren Auftrag deutlich verfehlt. Trotz Riesengezeter und sogar einer Bundestagsdebatte über die Demonstration übertrugen die Rundfunk- und Fernsehanstalten keine Minute der Demonstration live. Ein Armutszeugnis ohnegleichen! Sie gierten alle nach Zwischenfällen; als diese nicht geschahen, allgemeine Verunsicherung. Diese läßt sich in den Artikeln der Zeitungen deutlich ablesen, nur die Journalisten, die nicht da waren, schossen ihre alten Giftpfeile ab.

Die Gewerkschaften haben zum großen Teil eine ähnliche politische Unreife bewiesen. Die Vorgänge in der IG Metall um die Bereitschaft von Georg Benz, auf der Kundgebung zu sprechen, der Beschluß des DGB-Bundesvorstandes, der Vorwurf der Einseitigkeit durch Gewerkschaftsführer, deren Stellungnahmen die völlige Unkenntnis des Inhaltes des Aufrufes zur Demonstration verrieten, zeigten politisches Unvermögen und machtpolitische Orientierung, die so nicht mehr lange aufrecht erhalten werden können. Zum Glück für die Gewerkschaften und um der Gewerkschaften selbst willen unterliefen ganze Gewerkschaften, ganze Ortsverbände, Teile der Gewerkschaftsjugend diesen Versuch großer Teile der Gewerkschaftsspitzen.

Die Kirchen hielten sich im wesentlichen verdeckt. Obwohl informiert, äußerten sie sich nicht, im persönlichen Gespräch eher sorgenvoll als helfend. Schade!

Die Verunsicherung, die vom 10. 10. 1981 in alle gesellschaftlichen Bereiche ausging, ist groß. Sogar die Junge Union der CDU blieb nicht verschont.

Wir legen diese Dokumentation im vollen Bewußtsein vor, der ganzen Republik die Frage einer neuen Friedenspolitik wirkungsvoll gestellt zu haben. Niemand kann in Zukunft an ihr vorbei. Unser Dank als Veranstalter gilt den 300 000 Menschen, die in Bonn waren, die ihr Anliegen, fröhlich, phantasievoll, energisch und widerstandsfähig vortrugen. Sie sind eine politische Macht, von der man noch in vielen Jahren sprechen wird.

Die Reden auf den Auftaktkundgebungen und der Schlußveranstaltung wurden in eigener Verantwortung der Redner gehalten. Die Wiedergabe in diesem Buch erfolgt nach den uns vorliegenden Redemanuskripten (Redaktionsschluß 26. 10. 1981).

Im Oktober 1981 *Die Redaktion*

I

Die Vorgeschichte des 10.10.1981

Volkmar Deile/Ulrich Frey
Wie es zur Demonstration vom 10.10.1981 in Bonn kam

Die Wurzeln der Demonstration vom 10. 10. 1981 in Bonn liegen in der Zusammenarbeit des Interkirchlichen Friedensrates (IKV) der Niederlande und der Aktion Sühnezeichen/Friedensdienste (ASF). Der Interkirchliche Friedensrat in den Niederlanden hat seit 1967 jährlich Friedenswochen durchgeführt. Seit 1977 wurde die Friedenswochenarbeit durch die Kampagne »Schafft die Atomwaffen aus der Welt, beginnt damit in den Niederlanden« ergänzt. Im Frühjahr 1980 besuchte eine Gruppe der Aktion Sühnezeichen/Friedensdienste den Interkirchlichen Friedensrat, um das Projekt einer ersten bundesweiten Friedenswoche in der Bundesrepublik Deutschland und Berlin (West) zu besprechen. Aus diesem ersten Gespräch erwuchs eine tragfähige Partnerschaft zwischen beiden. Um die Ergebnisse der ersten bundesweiten Friedenswoche »Frieden schaffen ohne Waffen« vom November 1980 gemeinsam mit den Holländern auszuwerten, fuhr im März 1981 wiederum eine Gruppe der Aktion Sühnezeichen/Friedensdienste in die Niederlande. Wir besuchten die vor Ort arbeitenden Kerne, sprachen mit den verschiedensten Vertretern des Interkirchlichen Friedensrates und erörterten in einem Schlußgespräch mit dem Sekretär des Interkirchlichen Friedensrates, Mient Jan Faber, die Frage der Zusammenarbeit. Noch zu diesem Zeitpunkt schien unklar zu sein, welchen Stellenwert der IKV der bundesweiten Friedenswoche und einer Anti-Atomwaffenbewegung in der Bundesrepublik gab.

Zwei Wochen nach unserer Rückkehr aus den Niederlanden besuchten uns Mient Jan Faber, der Sekretär des Interkirchlichen Friedensrates, und Gisela Ennen, ehemalige Freiwillige der Aktion Sühnezeichen/Friedensdienste, dann zuständig für die internationalen Beziehungen des IKV in den Niederlanden. Wir erarbeiteten bei diesem Treffen eine erste gemeinsame Erklärung für eine westeuropäische Strategie, die auf einer Pressekonferenz während des Atomkongresses in Groningen im April 1981 vorgelegt wurde.

Die Erklärung von Groningen, die gemeinsam von ASF und IKV getragen wurde, hatte bereits die Überschrift die später das Motto der Demonstration vom 10. 10. 1981 wurde. Nach der Erarbeitung des Textes der gemeinsamen Erklärung über die Zusammenarbeit unserer Organisationen bei der Verhinderung der Stationierung neuer Mittelstreckenraketen sprachen wir auch über das Projekt einer Demonstration in der Bundesrepublik Deutschland. Die Holländer regten an, eine Demonstration in Bonn als Auftakt zu westeuropäischen Aktionen in den verschiedensten Ländern durchzuführen. Dieses Treffen endete mit der Vereinbarung des 10. Oktober 1981 in Bonn.

Die Holländer nahmen sich vor, in den Niederlanden die Bewegung »stop de neutron bomb« und Pax Christi in den Niederlanden als Ansprechpartner auf holländischer Seite zu gewinnen.

Kurz nach der Besprechung erreichte uns ein gemeinsamer Brief des IKV mit Pax Christi Niederlande und der Bewegung »stop de neutron bomb«. In diesem Brief wurde angeregt, daß wir zwei weitere Organisationen auf bundesdeutscher Seite ansprechen, um Partner für Pax Christi und »stop de neutron bomb« auf westdeutscher Seite zu sein. Diese Gruppen sollten Pax Christi in der Bundesrepublik Deutschland und der Krefelder Appell sein. Wir setzten uns mit Pax Christi in der Bundesrepublik Deutschland und dem Krefelder Appell in Verbindung und luden diese zu einem ersten Treffen am 9. 6. 1981 nach Duisburg ein. Der Brief des Interkirchlichen Friedensrates mit der Anfrage nach der gemeinsamen Demonstration wurde im Mai 1981 der Mitgliederversammlung der Aktion Sühnezeichen/Friedensdienste zur Kenntnis gegeben und von dieser positiv aufgenommen.

Am 9. 6. 1981 fand in Duisburg das erste Vorbereitungstreffen für die Demonstration statt. Dort waren anwesend ein Vertreter des Krefelder Appells, der Aktion Sühnezeichen/Friedensdienste, der Aktionsgemeinschaft Dienst für den Frieden, des Interkirchlichen Friedensrates und des Komitees für Frieden, Abrüstung und Zusammenarbeit. Ferner war die Bewegung »stop de neutron bomb« vertreten. Das Komitee für Frieden, Abrüstung und Zusammenarbeit war deshalb hinzugekommen weil »stop de neutron bomb« aus den Niederlanden diese Organisation als ihren genuinen Partner bezeichnete. Pax Christi aus den Niederlanden und Pax Christi aus der Bundesrepublik waren leider nicht vertreten. Pax Christi aus den Niederlanden zog sich aus der Vorbereitung dieser Demonstration zurück, da Pax Christi aus der Bundesrepublik diese nicht mittragen wollte. Bereits auf dieser Sitzung wurde uns von dem Vertreter des Krefelder Appells mitgeteilt, daß dieser als Gruppe von Initiatoren den Aufruf anderer Organisationen nicht unterschreiben könne.

Zu diesem Zeitpunkt wußten wir noch nicht, daß es anderen Organisationen schwerfallen würde, sich an die Vorbereitungen dieses Kreises anzuschließen. Deshalb wurde später während des Kirchentages ein Neuanfang in Bezug auf die Formulierung des Aufrufes und seine Konkretion unternommen. Faktisch ging jedoch die Vorbereitung der Demonstration vom 10. Oktober 1981 von diesem Duisburger Treffen aus, da der Termin und das Anliegen von hier ausgehend überall bekannt wurden.

Die ersten Folgen unseres nicht auf die Demonstrationsdiplomatie der entsprechenden Gruppen genügend eingestellten Verhaltens war der Protest, der seitens des Bundesverbandes Bürgerinitiativen Umweltschutz gegen unsere Planung vorgetragen wurde. Es wurde vereinbart, daß ein Vertreter der Aktion Sühnezeichen/Friedensdienste am Treffen »Ökologie und Frieden« direkt vor dem Kirchentag in Hannover teilnehmen sollte. Diese Teilnahme erfolgte. Eine endgültige Festlegung auf diesen Termin 10. 10. 1981 geschah, und es wurde die Vereinbarung getroffen, alles weitere während des Hamburger Kirchentages zu klären.

Während des Deutschen Evangelischen Kirchentages in Hamburg traf sich am 18. Juni 1981 abends um 18 Uhr eine Gruppe von ca. 20 Personen, die 10 bis 15 Gruppen vertraten. Der Treffpunkt war die »Halle für eine menschliche Entwicklung«, die so menschlich war, daß wir keine Ruhe zum Reden hatten. Nach mehrmaligem Umziehen kam es dann zur Besprechung des Projektes selbst. Die dort anwesenden Gruppenvertreter fanden sowohl den Termin wie das Projekt der Demonstration gut. Das Treffen beauftragte eine Gruppe, am Abend des 18. 6. 1981 sich zusammenzutun und einen Aufruf zu erarbeiten, der einen Tag später abends dann endgültig angenommen werden sollte. Unter dem Motto »Alle politischen Widersprüche müssen integriert sein« trafen sich zu einem Arbeitsessen Vertreter des Bundesverbandes Bürgerinitiativen Umweltschutz, der Grünen, der Jungsozialisten, der Aktion Sühnezeichen/Friedensdienste, der Aktionsgemeinschaft Dienst für den Frieden, des Interkirchlichen Friedensrates und des Komitees für Frieden, Abrüstung und Zusammenarbeit. Diese Gruppe erarbeitete in gemeinsamer, langandauernder Sitzung den endgültigen Aufruf zur Demonstration. An diesem Abend wurde beschlossen, den Aufruf mit einer Zustandsbeschreibung der Weltrüstungssituation in Anlehung an den Aufruf der Russell Peace Foundation zu formulieren. Am längsten dauerte die Diskussion der Frage, wie die Notwendigkeit der Abrüstung in Ost und West zu gewichten sei im Verhältnis zum konkreten Nein zur Stationierung neuer Mittelstreckenraketen bei uns. Aus der Erfahrung der Arbeit des Bundesverbandes Bürgerinitiativen Umweltschutz wurde eingebracht, daß die Betonung der Abrüstung in Ost und West größere Glaubwürdigkeit erreiche und deshalb gleichzeitig ausgedrückt werden sollte. Eine andere Gruppe, besonders die der Christen, betonte, daß einseitige kalkulierte Abrüstungsschritte (Gradualismus) notwendig seien, um überhaupt den Rüstungswettlauf aufhalten zu können. Alle vier Forderungen des bekannten Aufrufs spiegeln diese Diskussion wieder. Gut gelungen schien uns in der 2. Forderung des Aufrufes die Verhältnisbestimmung von konkretem Nein zur Stationierung neuer Mittelstreckenraketen im Verhältnis zur erstrebten Abrüstung in Ost und West. Wir sagten, daß der Verzicht auf die Stationierung neuer atomarer Waffen dazu beitragen könne, einen Abrüstungsprozeß in Ost und West zu begünstigen. Dahinter stand die Idee des Gradualismus, der hier in der 2. Forderung konkret aufgenommen wurde.

Das Treffen einigte sich nach langer Diskussion über die Frage, wer verantwortlich sein solle für die Demonstration auf das bekanntgewordene Modell. Die Aktion Sühnezeichen/Friedensdienste und die Aktionsgemeinschaft Dienst für den Frieden sollten die Verantwortung der Veranstalter tragen. Alle anderen Organisationen sollten als Unterstützer auftreten. Die unterstützenden Gruppen sollten zu zwei Treffen eingeladen werden, in denen die die Demonstration betreffenden Dinge alle besprochen werden sollten.

Am Abend des 19. 6. 1981 während des Hamburger Kirchentages fand in der Hamburger Fabrik eine Veranstaltung der Aktion Sühnezeichen/Friedensdienste zum Thema »Die Christen und die atomaren Waffen« statt. Nach dieser Veranstaltung trafen sich in der Werkstatt 3 ca. 300 Personen, die

NEUTRONENBOMBE
ABER:
Dein Auto "überlebt

25 bis 30 verschiedene Organisationen vertraten. Die Vertreter dieser Gruppen waren alle die, die man auf dem Kirchentag erreicht hatte. Manche sind möglicherweise nicht angesprochen worden, dies jedoch ohne irgendein bewußtes Verschulden. Bei diesem Treffen, das der offizielle Startschuß für die Demonstration wurde, sind jedoch mehr Gruppen vertreten gewesen, als sich, da von einigen der Vorwurf fehlender Basisverankerung erhoben wurde, ahnen ließ. Die anwesenden Personen diskutierten von neuem den Aufruf und verabschiedeten ihn ohne wesentliche Veränderungen. Das Modell der zwei verantwortlichen Organisationen, die von allen anderen unterstützt werden, wurde ebenfalls angenommen. Der Vertreter der gewaltfreien Aktionsgruppen äußerte Probleme mit der von ihm gesehenen »Verhandlungsorientierung« des Aufrufes. Wir teilten diese Kritik nicht. Die Versammlung beschloß, den Vorsitzenden des Interkirchlichen Friedensrates, Ben ter Veer, zu bitten, im Anschluß an seine Rede während der Kirchentagsdemonstration, am nächsten Tag, den Aufruf zu verlesen und die Anwesenden zur Demonstration am 10. Oktober nach Bonn einzuladen.

Am 20. Juni 1981 fand am Rande des Kirchentages die Demonstration der nahezu 100 000 Menschen für den Frieden statt. Ben ter Veer, der Vorsitzende des IKV, verlas im Anschluß an den folgenden Text den Aufruf und kommentierte ihn mit den Worten:

»Am 10. Oktober nach Bonn! – Dieser Kirchentag hat nach meiner Meinung sehr viel für die neue Friedensbewegung in Eurem Lande bedeutet. Eine Sache möchte ich besonders hervorheben: Während dieses Kirchentages haben sich eine große Anzahl von niederländischen und westdeutschen Organisationen zusammengesetzt und vereinbart, daß sie am 10. Oktober in Bonn eine riesengroße Demonstration veranstalten werden.

Ich glaube, daß es von allergrößter Wichtigkeit ist, daß wir am 10. Oktober vor den Türen des Bonner Parlaments deutlich machen, daß die neuen Mittelstreckenraketen nicht in Westeuropa stationiert werden dürfen.

Sie kennen die Geschichte von Sodom und Gomorrha. Jahwe hat versprochen, die Städte zu schonen, wenn in jeder Stadt nur 5 Gerechte gefunden werden können. Ich schlage vor, daß jeder von Ihnen am 10. Oktober nach Bonn kommt und in den kommenden Monaten in seiner Umgebung 5 noch nicht überzeugte Leute sucht und sie zur Demonstration mitbringt.«

Damit war der Startschuß zur Demonstration gegeben. Am 13. Juli und am 27. August fanden in Bonn große Vorbereitungstreffen der unterstützenden Organisationen zusammen mit den Veranstaltern statt. Beim zweiten Treffen waren nahezu 200 Personen anwesend, die die bis dahin 600 unterstützenden Organisationen vertraten. Dies ist ein großer Beweis von praktizierter Demokratie im Prozeß der Vorbereitung dieser Demonstration. Es wurden Beschlüsse gefaßt, die die Veranstalter selbst sich bemühten, in die Tat umzusetzen. Nahezu alle diese Beschlüsse konnten verwirklicht werden. Am 28. August hielten die Vertreter der Veranstalter eine erste Pressekonferenz zur Demonstration ab, ca. 30 Journalisten waren anwesend. Die Pressekonferenz brachte keine interessanten Punkte und vor allem brachte es nicht das, was wir angestrebt hatten: die Veröffentlichung des Aufrufes in der deut-

ROTSTIFT
Ö
Jugend
t
Amt
V
Bremen

schen Presse. Die erste größere überregionale Tageszeitung veröffentlichte ihn erst 14 Tage vor der Demonstration. Dies war eine Woche, nachdem der Spiegel in einer Spiegelgeschichte zwei Meldungen ausstreute, die der Regierungssprecher Becker sofort dementierte. Die erste Meldung war, daß der Bundeskanzler erwäge, einen Ausschließlichkeitsbeschluß herbeiführen zu lassen für Sozialdemokraten, die beabsichtigten, sich an der Bonner Demonstration zu beteiligen. Die zweite Meldung war – bei den Veranstaltern ist sie nie angekommen –, daß Willy Brandt beabsichtige, auf dieser Demonstration zu sprechen. Schnell dementierte der Regierungssprecher beides, aber von dieser Spiegelgeschichte an war die Werbung für die Demonstration von selbst am Laufen. Alle sprachen über uns, kaum jemand mit uns. Presseerklärungen und die Versendung der Aufrufe, die mehrmals an alle Pressevertreter erfolgte, führte nicht zur in einer Demokratie selbstverständlichen Information der Leser der Zeitungen. Die Demonstration erregte vielmehr das erste Mal Aufsehen, als der DGB-Bundesvorstand beschloß, seinen Untergliederungen die Teilnahme an der Demonstration zu untersagen. Die zweite Etappe des Bekanntwerdens war dann der Spiegelartikel.

Wie wenig unsere Demokratie imstande ist, normal und vernünftig auf die Wahrnehmung des Demonstrationsrechtes durch viele Bürger zu reagieren, zeigt auch die Woche vor der Demonstration. Zu dieser Zeit zeichnete sich ab, daß über 200 000 Menschen nach Bonn kommen würden. In allen Parteien, außer der CDU und CSU, waren erkennbare Auseinandersetzungen über das Anliegen der Demonstration im Gange. Viele prophezeiten Gewalttätigkeiten. Wollten sie sie herbeireden? Auch unser Parlament hat sich in dieser Frage nicht gerade mit Ruhm bekleckert. Jeder, der die friedliche, fröhliche und widerstandsfähige Demonstration am 10. 10. 1981 im Bonner Hofgarten erlebt hat, sollte sich nach diesem Erleben noch einmal die Reden der Herren Kohl und Zimmermann aus der Bundestagsdebatte am Freitag vor der Demonstration zu Gemüte führen. Wenn diese Politiker die generelle Weltlage ebenso falsch einschätzen wie die Demonstration vom 10. 10. 1981, so haben sie ein Urteil über sich selbst gesprochen. Im gleichen Zusammenhang, soweit wir wissen, wurde am Tag der Demonstration im Bundesrat die Frage der Einschränkung des Demonstrationsrechtes diskutiert. All diese auf den 10. 10. 1981 zielenden Reden haben jedoch nicht vermocht, die Demonstranten unruhig zu machen oder sie zu Unklugheiten zu verleiten. Wir haben den Eindruck, sie – die 300 000 von Bonn – waren einfach die besseren Demokraten.

DURCH ABRÜSTUNG
GELD FÜR SOZIALES
STATT FÜR WAFFEN
HÖRT NICHT AUF DAS WAS SIE SAGEN
SCHAUT AUF IHRE TATEN
JAEGER
JAEGER

ABRÜSTEN

Demonstrationsteilnehmer aus den Niederlanden.

Gegen die atomare Bedrohung gemeinsam vorgehen! – Für Abrüstung und Entspannung in Europa! Aufruf zur Demonstration und Kundgebung am 10.10. in Bonn

Die 80er Jahre werden mehr und mehr zum gefährlichsten Jahrzehnt in der Geschichte der Menschheit. Ein 3. Weltkrieg wird aufgrund der weltweiten Aufrüstung immer wahrscheinlicher. Seit mehr als 30 Jahren haben die Militärblöcke der NATO und des Warschauer Paktes so viele Waffen angehäuft, daß jedes Leben auf der Erde mehrfach vernichtet werden kann. Wir in Europa sind durch die Stationierung neuer Atomwaffen in besonderer Weise bedroht.

Deshalb rufen Friedensorganisationen aus den Niederlanden, der Bundesrepublik Deutschland und anderen europäischen Ländern zu einer Demonstration und Kundgebung am 10. 10. 1981 in Bonn auf.

- Wir wehren uns gegen neue Atomwaffen in Europa.
- Wir fordern die Regierungen der Mitgliedsländer der NATO auf, ihre Zustimmung zum Beschluß über die Stationierung neuer Mittelstreckenraketen zurückzuziehen. Damit soll der Weg für die Verringerung der Atomwaffen in West- und Osteuropa geöffnet werden mit dem Ziel, einen wechselseitigen umfassenden Abrüstungsprozeß in Gang zu setzen.
- Wir treten ein für ein atomwaffenfreies Europa, in dem Atomwaffen weder hergestellt, noch gelagert oder verwendet werden. Dies gilt auch für andere Massenvernichtungswaffen.
- Unsere Regierungen müssen eigene Initiativen für wirksame Abrüstungsverhandlungen und zur Fortsetzung der Entspannungspolitik ergreifen.

Wir sind alle aufgerufen, uns mit Mut, Kraft, Phantasie und langem Atem gegen einen drohenden Atomkrieg zu wehren und Alternativen zur gegenwärtigen Militärpolitik zu entwickeln.

Der Plan und der Aufruf entstanden in Kooperation von niederländischen und deutschen Friedensorganisationen. Veranstalter auf deutscher Seite sind die Aktion Sühnezeichen/Friedensdienste und die Aktionsgemeinschaft Dienst für den Frieden.

Die Resonanz auf diesen Aufruf war überwältigend:

Bundesweite Organisationen

Aktion Selbstbesteuerung e.V. - Friede durch gerechte Entwicklungspolitik / Aktion Pro Vita / AG für internationale Begegnung A+B / Aktionsgemeinschaft Solidarische Welt / Aktionsgruppe »Freiheit für Nelson Mandela« / Anstiftung der Frauen zum Frieden / Anti-Apartheid Bewegung in der BRD und West-Berlin / Anti-imperialistisches Solidaritätskomitee für Afrika Asien und Lateinamerika / Antimilitaristischer Buchversand / Arbeiterfotografie e.V. / Arbeitsgemeinschaft Evangelische Schülerarbeit AES Vorstand / Arbeitsgemeinschaft Dritte Welt Läden e.V. / Arbeitsgemeinschaft Friedenspädagogik e.V. / Arbeitsgemeinschaft Kath. Studenten- und Hochschulgemeinden Ag / Arbeitsgemeinschaft Sozialistischer und Demokratischer Verleger und Buchhändler / Arbeitskreis Festival / Arbeitskreis Friedenspädagogischer Einrichtungen / Arbeitskreis Zusammenarbeit von Christen und Sozialisten / Arbeitsgemeinschaft Sozialdemokratischer Frauen / Aufruf Ärzte gegen Atomraketen / August-Bebel-Gesellschaft Köln e.V. / AVZ-Basismedien e.V. / az-andere Zeitung / Basisgruppen / Bürgerinitiative Frieden durch Neutralität / Bund christlicher Jugendgruppen BCJ / Bund Deutscher Pfadfinder im Bund Demokratischer Jugend / Bund der religiösen Sozialisten Deutschlands e.V. / Bundeskongreß Entwicklungspolitischer Aktionsgruppen / Bundesleitung der Kath. Studierenden Jugend KSJ / Bundesring der Studierenden am 2. Bildungsweg / Bundesverband Bürgerinitiativen Umweltschutz BBU / Christen gegen Atomenergie und Atomrüstung / Christen gegen die Atomrüstung c/o Ökumenisches Zentrum / Christen für den Sozialismus / Christliche Friedenskonferenz in der BRD und West-Berlin / Christlicher Friedensdienst Frankfurt / Demokratische Fraueninitiative - Zentraler Arbeitskreis / Demokratischer Kulturbund / Demokratische Schwuleninitiative / Deutsche Friedensunion / Deutsche Friedensgesellschaft e.V. / Deutsche Friedensgesellschaft-Vereinigte Kriegdienstgegner / Deutsche Jugendpresse e.V. / Bundesarbeitsgemeinschaft jugendeigener Zeitschriften / Deutsche Jungdemokraten / Deutsche Kommunistische Partei / Dokumentationsstätte zu Kriegsgeschehen und über Friedensarbeit Sievershausen e.V. / Eirene e.V. / elan Das Jugendmagazin / Ev. Arbeitsgemeinschaft zur Betreuung der Kriegsdiensverweigerer EAK / Föderation der Arbeitervereine der Türkei in der BRD e.V. FIDEF / Fluchblatt-Informationen für rhein. Theologiestudenten / Förderkreis zum Ausbau der Feministischen Partei / Frauen in die Bundeswehr - Wir sagen Nein! / Friedenspolitische Studiengesellschaft e.V. / Die Grünen / Gruppe Internationaler Marxisten / Gustav-Heinmann-Initiative e.V. / Informationsstelle Lateinamerika e.V. / Initiative für die Gleichstellung der ausländischen Mitbürger / Initiative Kirche von unten (Koordinationskreis) / Internationales Freundschaftsheim Bückeburg E.V. / Internationale Jugendgemeinschafsdienste e.V. / Internationale der Kriegsdienstgegner / Internationaler Versöhnungsbund / Interessengemeinschaft ehemaliger Deutscher Widerstandskömpfer der BRD / Junge Europäische Föderalisten / Junge Kirche - eine Zeitschrift europäischer Christen / Junge Pioniere - Sozialistische Kinderorganisation / Jungsozialisten in der SPD / Kath. Studierende Jugend / Hochschulring im Bund Neudeutschland / Katholische Junge Gemeinde / Kinderhilfe e.V. Hyvong-Vietnam / Komitee für Frieden, Abrüstung und Zusammenarbeit / KOMKAR-Föderation der Arbeitervereine Kurdistans in der BRD e.V. / Kommunistischer Arbeiterbund Deutschlands / Kommunistische Partei Deutschlands / Koordinationsbüro für Jugendzentrumsinitiativen e.V. / Liberaler Hochschulverband / MSB Spartakus / Naturfreundjugend Deutschlands / Die Neue Tageszeitung / Neue Deutsch-Britische Gesellschaft e.V. / Neuer Westeuropäischer Volksmissionsdienst / Ökumenische Initiative / Eine Welt / Ohne Rüstung Leben / Redaktion Neue Stimme / Rote Hilfe Deutschlands / Selbsorganisation Zivildienstleistender / Service Civil International - Deutscher Zweig / Sozialistische Deutsche Arbeiterjugend / Sozialistischer Hochschulbund SHB / Sozialistiches Büro / Sozialistische Jugend Deutschlands - Die Falken / Stiftung sozialer Friedensdienst Pfalz / Die Tat - Antifaschistische Wochenzeitung / UNIDOC-Film GMBH / Verein für Friedenspädagogik Tübingen e.V. / Vereinigte Deutsche Studentenschaft VDS / Vereinigung Demokratischer Juristen in der BRD und Berlin-West / VVN Bund der Antifaschisten / Volksfront / Weltfriedensdienst e.V. / Women's International League for Peace and Freedom Dt. Sektion / Weltbund zum Schutz des Lebens / Zentralstelle für Recht und Schutz der KDVer aus Gewissensgründen e.V.

Arbeitsgemeinschaft Sozialpolitischer Arbeitskreise - AG SPAK / Aktion Friedensdorf Bonn / Albert-Schweitzer-Zentrum - Institut zur Förderung gewaltfreier Politik / Arbeitsausschuß der Evangelischen Studentengemeinde / Arbeiterpartei Kurdistans - Sympathisanten in der BRD / Arbeitsgemeinschaft der Theologen an den Hochschulen in der BRD / Berliner Konferenz Europäischer Katholiken / Bund demokratischer Wisenschaftler / Bundesjugendwerk der Arbeiterwohlfahrt / Bund Kommunistischer Intellektueller / Dai Dong - Gemeinschaft der Menschen / Demokratisches Gesundheitswesen / Deutsche Evangelische Arbeitsgemeinschaft für Erwachsenenbildung / Deutsche Friedensbücherei / Deutsche Wanderjugend / Deutsch-Polnische Gesellschaft / Devrimci Isci - Zeitschrift / Die Stimme Israels / Eirene - internationaler christlicher Friedensdienst / FASA - Föderation Afghanischer Studenten im Ausland / FHDB - Progressive Volkseinheit der Türkei / Forschungs- und Dokumentationszentrum Chile / Lateinamerika / Fortschrittlich-Demokratische Arbeitervereine Kurdistans / Frauenpartei / Generalunion Arabischer Studenten / Gesamtbetriebsrat des Internationalen Bundes für Sozialarbeit - Jugendsozialwerk / Gesellschaft für bedrohte Völker / Gruppe »Offner Brief an Bundeskanzler Schmidt« / Humanistische Union / Humanitas International / Informationsstelle El Salvador / Initiative Reservisten gegen Militär / Internationales Forum ausländischer Arbeitnehmervereinigungen / Komitee für Grundrechte und Demokratie / Kommunistische Jugend Dreutschlands / Kommunistische Studenten / Kommunistische Studentengruppen / Posadistische Kommunistische Partei / Redaktion »Nachrichten zur Wirtschafts- und Sozialpolitik« / Revolutionärer Jugendverband Deutschlands / Russell Peace Initiative / Solidaritätsjugend Deutschlands / Soziale Hilfsorganisation »Najdeh« / Terre des Hommes Deutschland / Vereinigung für gesamtdeutsche Neutralität / Verlag Neuer Weg / Werkkreis Literatur der Arbeitswelt / Zeitschrift »Grenzgänger« / All German Comitee of the JSD (Socalist Party of Bangla Desh) / Alternative Türkeihilfe / Bürgerinitiative Zukunftsdialog, Bund für Geistesfreiheit / Bund für Umweltschutz / Deutsche Gesellschaft für soziale Psychiatrie / Dritte Welt GmbH / Express Edition / Frankfurter Redaktion der Zeitschrift »Frauen und Film« / Initiative Sportler gegen Atomraketen / Klub der albanischen Arbeiter aus KOSOBA / Laurentiuskonvent / Mitglieder der Arbeitsgemeinschaft Burg Waldeck / Moslemische Studentenvereinigung / Motorradclub »Kuhle Wampe« / Verein für eine umweltgerechte Energiepolitik / Verlag Pläne GmbH / Zeitung »Isci Gercege in Europa«

Lokale Organisationen

Aachener Friedensforum / Aachener Friedensgruppe / AK Frieden Oberhausen / Aktion: Kölner gegen neue Mittelstreckenraketen / Aktionskomitee Friedenswochen / Aktion Neusser Friedenswoche / Aktionsbündnis für Frieden und Abrüstung Langenfeld / Mohnheit / Aktionsgemeinschaft Friedenswoche Minden e.V. / Aktionsgemeinschaft Solidarische Welt – Regionalgruppe Weiterstadt / Aktionsgruppe 3. Welt Dinslaken / Aktionsgruppe Stromgeldverweigerung Dortmund / Aktionskreis gegen neue Mittelstreckenraketen Köln / Aktionskreis Kölner Studenten gegen neue Mittelstreckenraketen / Aktionskreis Leben Saarbrücken / AStA der Universität Dortmund / Alternative / Grüne Liste Leverkusen / Amberger Arbeitskreis Friedenssicherung / Antifaschistisches Bürgerkomitee Jever / Antifaschistische Initiative Witten / Antikriegsforum Cuxhafen / Anti-NATO-Gruppe Hamburg / Arbeiterinitiative für Frieden und Arbeitsplatzsicherung Duisburg / Arbeitskreis Abrüstung Mannesmann Duisburg / Arbeitsgemeinschaft Braunschweiger Friedenstage / Arbeitsgemeinschaft Friedenswoche Hagen / Arbeitsgruppe Frieden der Kreissynode Dortmund-Nord / Arbeitsgruppe Frieden in der Kirchengemeinde Dehme / Arbeitskreis Abrüstung Sylt / Arbeitskreis Blumen für Stukenbrock / Arbeitskreis Chile an der Ev. Christusgemeinde in der Vahr/Bremen / Arbeitskreis 3. Welt Mönchengladbach / Arbeitskreis Frieden Emmering / Arbeitskreis Frieden Bad Kreuznach / AK Frieden in der kath. Studentengemeinde Dortmund / AK Frieden im Jugendzentrum Remise / AK Friedenswoche Schwäbisch Hall / AK für Frieden und Abrüstung der Grünen Dortmund / AK für Frieden und Abrüstung Artland / AK Friedensarbeit Stuttgart / AK Frieden und Abrüstung Biberach / AK Frieden und Abrüstung Speyer / AK Friedenswoche Nürtingen / AK Friedenswoche Weil am Rhein / AK Karlsruher Friedenstage / AK Ökologie und Frieden der Grünen Wittmund / AK Rüstung und Umweltschutz in der BI Umweltschutz Hannover / AK Wir und die 3. Welt Meisenheim / Arnsberger Initiativkreis Friedensmonat / AStA der Fachhochschule Aachen / AStA der FH Köln / AStA der FU Berlin / AStA der PH Hannover / Autonome Grüne Hamburg / Bürgeraktion Feuerwache Köln / Basisgemeinde Frankfurt / Beratungsgruppe für KDV und ZDL Mönchengladbach / Berliner Initiative für Frieden – internationalen Ausgleich und Sicherheit / Bürgerinitiative Nördliche Altstadt Köln / Verein zur Förderung von Bildung und Erziehung Mönchengladbach / Bonner Bürgerinitiative für Abrüstung / Bonner Friedenswoche 1981 / Braunschweiger Initiative für Frieden, Abrüstung und Zusammenarbeit / Bremer Chor »Die Zeitgenossen« / Bremerhavener Initiative für Friden und Abrüstung / Bücherladen Marl / Bürger gegen Rechts – für Frieden, Abrüstung und Zusammenarbeit Lübeck / Bürgerinitiative Abrüstung Märkischer Kreis / Bürgerinitiative Frieden durch Neutralität – Regionalgruppe Köln / Bürgerinitiative für Frieden und Abrüstung Krefeld / Bürgerinitiative für Frieden, Abrüstung und Zusammenarbeit Meerbusch / Bürgerinitiative für Frieden, Abrüstung und Zusammenarbeit Möchengladbach / Bürgerinitiative für Frieden und Abrüstung Landkreis Ebersberg / Bürgerinitiative für Frieden und Abrüstung Viersen / Bürgerinitiative für den Frieden Greven / Christlicher Verein Junger Menschen Nürnberg Bibitzenhof / Christen für Frieden und Abrüstung Nürnberg / Demokratische Fraueninitiative Goslar / Demokratische Fraueninitiative Hannover / Demokratische Fraueninitiative Münster / De Schnüss – Stadtzeitung in Bonn / Deutsche Jungdemokraten Kamp-Lintfort / Deutsche Friedensgesellschaft-Vereinigte Kriegsdienstverweigerer Göttingen / DFG-VK Heidelberg / DFG-VK Paderborn / DFG-VK Wiesbaden / DFG-VK Duisburg / DFG-VK Bonn / 3. Welt Haus Initiative Frankfurt / Dritte Welt Laden Berlin / Dritte Welt Laden Herford / Dritte Welt Laden Waiblingen / Deutsche Kommunistische Partei – KV Goslar / DKP Alsdorf / D'r Waibel – Zeitung für Kempten / Entwicklungspolitischer Arbeitskreis Berlin / Ev. Jugendwerk Mannheim / Ev. Kirchengemeinde Dortmund-Husen / Ev. Kirchengemeinde Heven / Ev. Studentengemeinde Aachen / Ev. Studentengemeinde Bonn / Ev. Studentengemeinde Bremen / Ev. Studentengemeinde Esslingen – AK Friedenspolitik / Ev. Studentengemeinde Göttingen / Frankfurter Frauenforum / Frauen gegen Krieg und Militär Hannover / Frauen gegen Militär – Aktionsgruppe Reutlingen / Frauengruppe Heide / Freier Aktionskreis Frieden Aschaffenburg / Friedens-AG Lohne / Friedensforum Castrop-Rauxel / Friedensgruppe der ev. Jugend Salzgitter / Friedensgruppe des ev.-luth. Gemeindezentrums Ammersbek / Friedensgruppe in der ev. Kirchengemeinde Weiterstadt / Friedensgruppe Kaufbeueren / Friedensgruppe Land Hadeln / Friedensgruppe Vlotho / Friedensinitiative Ahrensburg / Friedensinitiative Am Limes / Friedensinitiative Belgisches Viertel Köln / Friedensinitiative Berlin-Steglitz / Friedensinitiative Biedenkopf / Friedensinitiative Bocholt / Friedensinitiative Bochum / Friedensinitiative Butzbach / Friedensinitiative Dormagen / Friedensinitiative Eschweiler / Friedensinitiative Havixbeck / Friedensinitiative Herford / Friedensinitiative Kaarst / Friedensinitiative Kampf-Lintfort / Friedensinitiative Kiel / Friedensinitiative Moers / Friedensinitiative Münsingen / Friedensinitiative Münster / Friedensinitiative Radevormwald / Friedensinitiative Rothenburg o.d. Tauber / Friedensinitiative Rüsselsheim / Friedensinitiative Schloß Holte-Stubenbrock / Friedensinitiative Stuttgarter Westen / Friedensinitiative Waltrop / Friedenspolitischer Arbeitskreis Freilassing / Friedenswoche Kleve / Friedenkomitee Dorsten / Friedenskomitee Recklinghausen / Friedenskotten Hilter / Friedenskreis Wegberg / Friedensoffensive Meschede / Friedenspolitischer Arbeitskreis Ingolstadt / Friedenswoche Lüneburg / Friedenswoche Hannover / Gesamtschülervetretung Bremen / Gewaltfreie Aktion Bonn / Gewerkschaft Erziehung und Wissenschaft Recklinghausen / Gewerkschafter für Abrüstung und Frieden Bremen / Gladbecker Komitee für Frieden, Abrüstung und Zusammenarbeit / Die Grünen – KV Bremen-Nord / Grüne Gruppe Walddörfer / Die Grünen – OV Ratingen / Die Grünen Langenfeld / Die Grünen Schwäbisch Gmünd / Die Grünen Meschede / Gruppe Friedensarbeit Spandau / Güterloher Bürger gegen neue Atomwaffen / Hamburger Handwerker-Initiative / Informationsstelle für Friedensarbeit Bonn / Initiative Atomwaffenfreies Europa Lübeck / Initiative Augsburger Friedenswoche 1981 / Initiative Bildung statt Atomraketen – Arbeiterjugend für den Krefelder Appell – Nürnberg / Initiative Bottroper Friedenswoche / Initiativegruppe Bremer Jugendliche / Initiative Frauen gegen Krieg Aachen / Initiative für Frieden und Abrüstung Altenkirchen / Initiative für Frieden und Abrüstung im Club Manufaktur – Schorndorf / Initiative für Frieden und Abrüstung Nordenham / Initiative Jugend gegen Aufrüstung – Berlin / Initiativgruppe Kinderbücher Dritte Welt Wuppertal / Initiativkreis für Frieden und Abrüstung Idar-Oberstein / Internationale Frauenliga für Frieden und Freiheit Düsseldorf / Jugendzentrum Bahnhofshotel Jever / Junge Union Lohne / Jungsozialisten in der SPD Dithmarschen / JUSO-KV Reutlingen / JUSO-AG Sulzbach-Rosenberg / JUSO-KV Stuttgart / Kampagne der Russell-Peace-Foundation »Für ein atomwaffenfreies Europa« Köln / Kath. Studentengemeinde Bonn / Kindergartenverein Elberfeld-Mitte / Koblenzer Friedensinitiative / Kölner Bürger für die SPD / Kölner Friedenswoche / Kolonialwarenladen – Informationszentrum Dritte Welt – München / Komitee für Frieden, Abrüstung und Zusammenarbeit in Aachen / Komitee für Frieden, Abrüstung und Zusammenarbeit Regensburg / Komitee »Frieden schaffen ohne Waffen« Villingen / Konstanzer Friedensinitiative / Koordinationskreis Krefelder Appell Siegen / Krefelder türkischer Arbeiterverein / Kultur- und Freizeitverein Ebsdorfergrund / Kurdisches Volkshaus Nürnberg / Leeraner Friedensinitiative »Stoppt die Atomraketen« / Manheimer Arbeitskreis für Frieden und Abrüstung / Club Manufaktur Schorndorf / Marler Friedensinitiative / Mettmanner Friedensinitiative / Mitarbeiterteam der ökomenischen Werkstatt Wuppertal / Münchner Bürgerinitiative für Frieden und Abrüstung / Naturfreundejugend Ortsgruppe Hannover / Oberhausener Friedensinitiative / Offenbacher Friedensinitiative / Ohne Rüstung leben Bonn / Ohne Rüstung leben Langen / Ohne Rüstung leben München / Ohne Rüstung leben Tübingen / Oldenburger Friedensinitiative »Frieden durch Abrüstung« / Organisatoren der 6. Sulbach-Rosenberger Friedenswochen / Ortenauer AG Frieden / Osnabrücker Friedensinitiative / PAMM e.V. - Kulturkooperative Hamburg / Pax-Christi-Gruppe Bonn / Pax-Christi-Initiative Heidelberg / Porzer gegen neue Mittelstreckenraketen / Projektgruppe Multis und Dritte Welt Hamburg / Ratinger Friedensinitiative / Remscheider Friedensinitiative / Russell Friedensgruppe Bremen / Schalomgruppe Konwestheim / Schalom heißt auch Abrüstung - Norderstedt / Sozialistische Deutsche Arbeiterjugend - KV Goslar / Selbstorganisation der Zivildienstleistenden Mönchengladbach / Schalomgruppe Vlotho / Siegener Arbeitskreis für Frieden, Abrüstung und Zusammenarbeit / Siegener Initiative gegen verfassungswidrige Berufsverbote / Sozialistische Jugend Deutschlands - Die Falken OV Emden / SJD - Die Falken OV Hückelhoven / SJD - Die Falken OV Kassel-Niederzwehren / SJD - Die Falken OV Oldenburg / Soester Friedensinitiative / »Sonne« Herne / Sozialistische Hochschulgruppe an der Kath. Stiftungsfachhochschule für Sozialwesen Benediktbeuren / Sozialistische Initiative Westberlin / Sozialistischer Hochschulbund Bonn / Sozialistisches Büro Gruppe Bonn / SPD-OV-Vorstand Sulzbach-Rosenberg / Stadtjugendkonvent der ev. Jugend Hannover - Vorstand / Stadtjugendring Marbach / Studentenschaft der Kirchlichen Hochschule Wuppertal / Studentenschaft der Rheinischen Friedrich-Wilhelm-Universität Bonn / Trägerverein Jugendzentrum Hardegsen / Treffpunkt Dritte Welt Darmstadt / WAA-Gruppe Trier / Wattenscheider Initiative Krefelder Appell / Weilheimer Komitee für Frieden, Abrüstung und Zusammenarbeit / Wittener Friedensinitiative / Wuppertal Friedensforum / Wülfrather Initiative gegen Atomraketen / Velberter Initiative gegen Atomwaffen / Verein Münchener Friedensinitiativen für Abrüstung in Ost und West / VHS Friedensinitiative Duisburg / VVN - Bund der Antifaschisten Kreis Duisburg / VVN - Bund der Antifaschisten Kreis Goslar / VVN - Bund der Antifaschisten Kreis Mühlheim / Wetzlarer Friedensinitiative / Wittener Friedensinitiative / Zentrum für Entwicklung und Frieden München / Zivildienstarbeitsgemeinschaft Kirchenkreis Bleckede/Elbe / Zweibrückener Friedenskomitee.

Aachener Friedensinitiative / Aktionskreis für engagierte Kriegsgegner Recklinghausen / Aktionskreis Frieden Menden / Anti-Kriegs-Initiative Stuttgart / Antimilitarismusgruppe Heide / Arbeitsgemeinschaft Frieden Lauf / Arbeitsgemeinschaft Friedenswoche 81 Neu-Isenburg / AG Friedenswoche Korbach / Aktion Jugendzentrum Hohenwestedt / Arbeitskreis Erlanger Friedenstage / AK Frieden im Jugendzentrum Gerabronn / AK Frieden Heilbronn / Arbeitskreis Frieden Riesweiler / Arbeitskreis für Frieden und Abrüstung Buchholz / Arbeitskreis Frieden Moabit / Arbeitskreis Friedenspolitik Winnenden / Arbeitskreis Frieden Rhein-Neckar / Arbeitskreis für Frieden und Abrüstung Vechta / Arbeitskreis Frieden druch Abrüstung Thurmannsburg / Arbeitskreis Kriegsdienstverweigerung Kamp-Lintfort / Arbeitskreis Schalom im CVJM Oldenburg / Arbeitskreis Umwelt Warburg / Arbeitskreis Fallingbostel für Umweltschutz / AStA der Fachhochschule der Deutschen Bundespost Berlin / AStA der Gesamthochschule Wuppertal / AStA Kirchliche Hochschule Bethel / AStA der Tierärztlichen Hochschule Hannover / Babenhäuser Friedensinitiative / Backnanger Initiative für Frieden und Abrüstung / Bensheimer Grüne Liste Hessen / Bunte Liste - Wehrt Euch! - Köln / Bürgerinitiative gegen Atomindustrie Ahnatal / Bürgerinitiative Neustädter für den Krefelder Appell / Bürgerinitiative Umweltschutz Bauspach / Bürgerinitiative Umweltschutz Ostheide / Bürgerinitiative Umweltschutz Uhlenhorst / Bund der katholischen Jugend BDKJ Düsseldorf / BDKJ-Vorstand Diözese Münster / Christen für die Abrüstung - Friedensinitiative Landau-Pfalz / Christliche Arbeiterjugend - Freigestelltenprojekt / Christlicher Verein junger Menschen im Raum Peine / CVJM Oldenburg / CVJM Ohmstede / CVJM Laatzen / Christlicher Bildungsverein Landesbergen / Chile-Arbeitsgruppe Salvador Allende / Demokratische Fraueninitiative Heidelberg / Deutsche Friedensgesellschaft-Vereinigte Kriegsdienstgegner - DFG-VK Gießen / DFG-VK Simmern / Deutsche Kommunistische Partei Kreis Paderborn-Lippstadt / DKP Parteigruppe Germanistik Uni Münster / Die Alternativen Stade / Dritte Welt Laden Hamburg / Erlanger Komitee für Frieden und Abrüstung / Erkrather Friedensinitiative / Evangelische Jugend Bochum / Ev. Jugend Dortmund / Ev. Jugend Eberbach / Ev. Jugend Hüttenfeld / Ev. Jugend der Paul-Gerhard-Kirchengemeinde Unna-Königsborn / Ev. Jugend Wettenheim / Ev. Jugendgruppe Seeheim / Ev. Jugendvertretung im Kirchenkreis Hanau-Stadt / Ev. Studentengemeinde Bochum / Ev. Theologische Fachschaft Uni Göttingen / Fachschaftsrat der Fachbereiche 21-24 Uni Münster / Flensburger Friedenskoordination / Frauen für Frieden Bad Soden / Friedensinitiative »Bad Salzufler Bürger gegen den Atomtod« / Friedensinitiative Burgwedel / Friedensinitiative Kamen-Bergkamen / Friedensinitiative Kempen-Tönisvorst / Friedensbewegung Mayen-Maifeld / Friedensaktion Nordend / Friedensinitiative Melsungen / Friedensinitiative Schwalbacher Bürger / Friedensinitiative Stuttgart-Ost / Friedenstreffpunkt Perlach-Rawensdorf / Friedensinitiative Weißenburg-Gunzenhausen / Friedensinitiative Westerwald / Friedensinitiative Wilhelmsburg / Friedensvereinigung Böblingen / Gemeindejugendvertretung der ev. Kirchengemeinde Biebesheim / Gemeindekirchenrat der Martha-Kirchengemeinde Berlin / Gewerkschaft Erziehung und Wissenschaft Ortsverband Cuxhaven / GEW Mülheim - Mitgliederversammlung / GEW - Ortsverein Mülheim / GEW - Kreisverband Hannover-Stadt / Gewerkschafter für den Frieden Hannover / GEW Kreisverband Weißenburg-Gunzenhausen / GEW Ortsverein Land Wursten / Gewerkschaft der Eisenbahner Deutschlands - Ortsjugendleitung Gießen / Gießener Friedensinitiative / Godesberger Friedensinitiative / Grüne Alternative Gruppe an der Uni Bonn / Die Grünen Bremerhaven / Die Grünen Kreisverband Düren / Die Grünen Ortsverband Gehrden-Ronnenberg / Die Grünen Ortsgruppe Kamp-Lintfort / Die Grünen Kempten / Die Grünen Kiel / Harburger Friedensinitiative / IG Metall Jugendvertretung im Thyssen Niederrhein AG Werk Oberhausen / Initiative Friedenswoche Meisenheim / Initiative Ludwigsburger Friedenstage / Initiative München West für den Krefelder Appell / Jugendliche Mitarbeiter der ev. Kirchengemeinde Köln-Bocklemünd / Jugendwohngruppen Recklinghausen / Jugendzentrum Harsefeld / Jungsozialisten in der DPD Duisburg / Jungsozialisten Remscheid / Jungsozialisten Ettlingen / Jungsozialisten Hasloch/Kaktus - Stadtzeitung für Essen / Kath. Hochschulgemeinde Münster / Kath. Studierende Jugend Kaiserslautern / Kath. Pfarrgemeinderatsausschuß für 3. Welt und Frieden / KDV-Gruppe Syke / Kölner Alternative / Komitee für Frieden, Abrüstung und Zusammenarbeit Kaiserslautern / Kommunistische Studentengruppen Oldenburg / Mülheimer Friedenskokomitee / Ökumenische Friedens- und Zivildienstgruppe Dinslaken / ÖTV-Betriebsgruppe Spastikerhilfe Berlin / Ohne Rüstung leben Essen / Pax Christi Freiburg / Pax Christi Bistumsstelle Münster / Pax Christi Basisgruppe Neu-Ulm / Politischer und Kultureller Arbeitskreis Recklinghausen / Recklinghauser Initiativen / Regionalgruppe Ohne Rüstung leben Düsseldorf / Reutlinger Forum für Frieden und Abrüstung / Rheinhauser Friedensinitiative / Schneckenladen Bonn-Bad Godesberg / SPD-Ortsverein Horb-Neckar / SPD-OV Bonn-Nord / Stadtjugendring Hess. Lichtenau / Stadtjugendring Neumünster / Stadtjugendring Oberhausen / Stadtjugendring Stuttgart / Stadtzeitung Holzwurm Recklinghausen / Terre des Hommes Bielefeld / Terre des Hommes Bonn / Terre des Hommes Braunschweig / Terre des Hommes Celle / Terre des Hommes Duisburg / Terre des Hommes Freiburg / Terre des Hommes Hagen / Terre des Hommes Hamburg / Terre des Hommes Kiel / Terre des Hommes Köln / Terre des Hommes Lingen / Terre des Hommes Minden / Terre des Hommes München / Terre des Hommes Mühlacker / Terre des Hommes Rheine / Unabhängige Gemeinschaft Wolfenbüttler Kriegsgegner / Verantwortliche des CAJ-Bezirks Osnabrück / Verein für offene Jugendarbeit in Beelen / Verein Partnerschaft Dritte Welt Gießen / Verein zur Förderung Recklinghauser Initiativen / VVN – Bund der Antifaschisten KV Koblenz / VVN – Bund der Antifaschisten Kreis Ludwigsburg / Vikariatskonferenz des Praktisch-Theologischen-Ausbildungsseminars Berlin / Volksfront KV Köln / Wählergemeinschaft Lebensschutz Uelzen / ZDL-Gruppe der Universitätskliniken Mainz / AK Friedensarbeit der ZDL der Gustav-Werner-Stiftung Reutlingen / Anti-Kriegsinitiative Böblingen-Sindelfingen / Arbeitsgemeinschaft für Frieden und Abrüstung – Heidelberg / Arbeitsgruppe »Stoppt Neonazis« Aurich / Arbeitskreis Friedenswoche Oldenburg / Arbeitskreis Umwelt in Greven / AStA der Gesamthochschule Paderborn / Bio-Laden Bonn / Bürgerinitiative »Erhaltet das Naherholungsgebiet Mindener Wald« / Demokratisches Zentrum Ludwigsburg / Der andere Buchladen – Köln / Die Grünen Essen / Die Gruppe – Alternativer Buchladen / Ensemble der Ruhrfestspiele Recklinghausen / Fachschaftsvertretervollversammlung an der Uni Heidelberg / Federazione dei Circoli ARCA – Wiesloch / Friedens-AG Gymnasium Syke / Friedensarbeitskreis Metzingen / GEW-Ortsverband Herrenberg / Grafik Werkstatt Bielefeld / Gruppe Arbeiterstimme – Nürnberg / Herner Friedensinitiative / Internationale Frauenliga für Frieden und Freiheit München / Jugendhaus Rheinfelden / Jugendinitiative Hambergen / JUSO-AG Hirschau / JUSO-AG Neumarkt / JUSO-AG Rieden-Vilshofen / ÖTV-Betriebsgruppe Stadtverband Saarbrükken / Personalrat Bamberger Hof – Außenstelle Waldkrankenhaus Köppern / Pforzheimer Friedensinitiative / SDJ – Die Falken Sulzbach-Rosenberg / SOUTTERAIN – Politisch-kulturelles Zentrum Köln / SPD-Ortsverein Münster-Süd / SPD-Ortsgruppe Schnaittenbach / Terre des Hommes Ludwigsburg / Theatergruppe Blinkfeuer Hamburg / USTA UNI Karlsruhe / Verband Bielefelder Kulturinitiative / Verband der Studenten der Berufspädagogik / Vorbereitungsgruppe zur Gründung einer RUSSELL-Initiative Frankfurt.

Regionale Organisationen

Abrüstungsinitiative Bremer Kirchengemeinden / Arbeitsgemeinschaft Solidarische Kirche Westfalen / Arbeitsgemeinschaft Umweltschutz Südliches Ried / Arbeitskreis Demokratischer Soldaten München und Niederbayern / Arbeitskreis Friedenswoche Hochtaunus / Arbeitskreis Frieden im Kirchenkreis Braunfels / Beratungsstelle für KDV und ZDL – Dekanat Heidelberg / Bezirksstelle für ev. Jugendarbeit / Bürger für den Frieden Rhein-Sieg / Bürgeraktion Garstedter Heide / Bürgerinitiative für Frieden und Abrüstung Rhein-Berg / Bürgerinitiative Grenzland für Frieden und Abrüstung / Bürgerinitiative im Märkischen Kreis / Bund Christlicher Jugendgruppen BCJ / Bund für Umwelt und Naturschutz Deutschland Landesverband Hessen e.V. / Christen für den Sozialismus – Regionalgruppe Berlin-West / CVJM Landesverband Hannover e.V. / Dachverband entwicklungspolitischer Aktionsgruppen Baden-Württemberg / Deutsche Friedens-Union Landesverband Bremen / DFU Landesverband Hessen / DFU Landesverband Nordrhein-Westfalen / Deutsche Kommunistische Partei Kreis Bonn/Rhein-Sieg / Deutsche Friedensgesellschaft-Vereinigte Kriegsdienstgegner Landesverband Baden-Württemberg / DFG-VK Landesverband Bayern / DFG-VK Landesverband Hessen / DFG-VK Landesverband Niedersachsen und Bremen / DFG-VK Landesverband Nordrhein-Westfalen / DFG-VK Landesverband Rheinland-Pfalz / Eisenbahner für den Frieden / Ev. Erwachsenenbildungswerk Nordrhein e.V. / Ev. Jugend im Dekanat Rodgau / Ev. Jugend im Kirchenkreis Elberfeld / Das Ev. Jugendwerk an der Saar / Ev. Schülerarbeit im Rheinland e.V. / Freundschaftsheim Fresendelf e.V. / Friedensarbeitskreis der Lippischen Theologiestudenten/innen / Friedensinitiative Schwaben / Friedenszentrum Martin-Niemöller-Haus e.V. Berlin / Geschäftsführender Ausschuß der pfälzischen Theologiestudenten / GEW-Betriebsgruppe Ausbildungsseminar Borken / Grüne Liste Schleswig-Holstein / Die Grünen Kreisverband Altenkirchen / Die Grünen Kreisverband Da.-Ries (Schw.) / Grüne Initiative Strohgäu / Die Grünen Landesverband Saar und Kreisverband Neunkirchen / Die Grünen Kreisverband Pinneberg / Hamburger Friedenskoordination / Hamburger Initiative kirchl. Mitarbeiter und gewaltfreie Aktion / Hendrik-Kraemer-Haus Berlin / Hessischer Jugendring / Internationale Liga für Menschenrechte Sektion Berlin e.V. / Junge Presse Hessen / Junge Presse Niedersachsen / Landesverband der Jungsozialisten Berlin / Jungsozialisten in der SPD Unterbezirk Bonn / JUSO Unterbezirk Diepholz / JUSOs in der SPD Hamburg / JUSO Unterbezirk Heinsberg / JUSOs in der SPD Unterbezirk Münster / JUSO Landesverband Saar / Katholische Junge Gemeinde Diözesanverband Aachen / Komitee Freiheit für Wort und Dienst in der Kirche Regionalgruppe Pfalz / Komitee für die Rechte der Frau Berlin-West / Konventsrat der Lippischen Theologiestudenten/innen und Vikare/innen / Kultur-Kooperative Ruhr / Lagergemeinschaft Ravensbrück / Landesjugendring Berlin / Landesjugendring Bremen / Landesjugendring Hamburg / Landesjugendring Niedersachsen e.V. / Landesjugendring Saar / Landesjugendkonvent der Ev.-Luth. Kirche in Bayern / Landesschülerausschuß Berlin / Landesschülervertretung Nordrhein-Westfalen / Lehramtsanwärterkonferenz Ausbildungsseminar Borken / Liste Demokratischer Ärzte in der Landesärztekammer Hessen / Naturfreundejugend Deutschlands Landesverband Niedersachsen / Naturfreundejugend Saar / Die Neue Tageszeitung Bonner Vertretung / Niederländisch Ökumenische Gemeinde / Niederrheinische Initiative gegen Atomwaffen / Niedersächsische Initiative für Frieden, internationalen Ausgleich und Sicherheit / Pädagogen gegen Rüstungswahnsinn / Pax Christi Bistumsstelle Köln / Regionale Koordinierung der Friedensinitiativen Niederrhein / Regionalinitiative Altmühltal / Regionalinitiative »Atomtod-Bedrohung für uns alle« Ansbach/Feuchtwangen/Dinkelsbühl / Sozialistische Deutsche Arbeiterjugend Landesvorstand Rheinland-Westfalen / SDAJ Landesverband Ruhrgebiet-Westfalen / SDJ – Die Falken Bezirksverband Braunschweig /

SDJ - Die Falken Bezirk Hannover / SDJ - Die Falken Bezirk Hessen-Nord / SDJ - Die Falken Landesausschuß Niedersachsen / SDJ - Die Falken Ostwestfalen-Lippe / Die Tageszeitung TAZ Büro Bonn-Siegburg / Verband Christl. Pfadfinderinnen und Pfadfinder Land Niedersachsen / Verband Christl. Pfadfinder und Pfadfinderinnen Land Nordrhein / Verband Christl. Pfadfinderinnen und Pfadfinder Land Schleswig-Holstein / Verband saarländischer Jugendzentren in Selbstverwaltung e.V. / Vereinigung Demokratischer Juristen Regionalgruppe Frankfurt / VVN - Bund der Antifaschisten Landesverband Baden-Württemberg / VVN - Bund der Antifaschisten Landesverband Bayern / VVN - Bund der Antifaschisten Landesverband Bremen / VVN - Bund der Antifaschisten Landesverband Hessen / VVN - Bund der Antifaschisten Landesverband Niedersachsen / VVN - Bund der Antifaschisten Landesverband Nordrhein-Westfalen / VVN - Bund der Antifaschisten Landesverband Saar / Werkkreis Literatur der Arbeitswelt Region West / Zivildienstleistende des Diakonischen Werks Dortmund und Lünen.

Alternative Liste - Für Demokratie und Umweltschutz - Berlin / Arbeitsgemeinschaft für Sozialdemokraten im Bildungsbereich - UB Bonn / Arbeitskreis Süd für Kirchlichen Entwicklungsdienst der Ev. Kirche im Rheinland / Amt für Jugendarbeit der ev. Landeskirche in Baden / Ausschuß junger Lehrer und Erzieher in der GEW Bezirk Weser-Ems / Badisches Regionalkomitee Freiheit für Wort und Dienst in der Kirche / Berliner Ärzteinitiative gegen Atomenergie / Betriebsrat Baden-Württemberg des Internationalen Bundes für Sozialarbeit / Betriebsräte des Internationalen Bundes für Sozialarbeit aus Norddeutschland / Bürgerinitiative Unterallgäu gegen Atomraketen / Christen für die Abrüstung in der Nordelbischen Ev.-Luth. Kirche / Christen in der Verantwortung - Nordelbien / DFG-VK Landesverband Hamburg / DFG-VK Landesverband Hessen / Evangelische Jugend Berlin / Ev. Jugend Dekanat Speyer / Ev. Jugend Nordrhein-Westfalen - Jugendpolitischer Ausschuß / Ev. Schülerarbeit Baden / Friesen für den Frieden / Gesellschaft für bedrohte Völker - Regionalgruppe Düsseldorf / Gewerkschaft Erziehung und Wissenschaft - Landesverband Berlin / GEW - Landesverband Nordrhein-Westfalen / GEW - Bezirk Bremen-Nord / Gewerkschaft Holz und Kunststoff - Bezirksjugendausschuß Nordrhein-Westfalen / Hamburger Türkische Fortschrittliche Einheit / IG Druck und Papier Landesbezirk Hessen / Initiative 6. Oktober / Initiative »Wir Lehrer sind zum Kriegsdienst nicht mehr bereit« / Jungdemokraten Landesverband Hamburg / JUSOs in der SPD - Kassel-Stadt und Kassel-Land / JUSOs in der SPD - UB Main-Spessart und Miltenberg / Kath. Studierende Jugend - Diözesanleitung Trier / Komitee Freiheit für Wort und Dienst in der Kirche - Hessen-Nassau / Kreisjugendwerk der Arbeiterwohlfahrt Köln / Landeskomitee der BRD für die Arbeiterkonferenz der Ostseeländer, Norwegens und Islands / Landesvereinigung der Lehramtsanwärter Nordrhein-Westfalen / Ländliche Jugend-, Sozial- und Bildungsarbeit der Ev. Kirche von Westfalen / ÖTV-Kreisjugendausschuß Oldenburg / Pax Christi Bistumsstelle Limburg / Saar-Aktion Mensch und Umwelt gegen Zerstörung der Lebensgrundlagen / Sozialdemokratische Partei Deutschlands - UB Bonn / SPD - UB Münster / Sozialistische Jugend Deutschlands - Die Falken - UB Hamm / Theologiestudentenschaft der ev. Kirche Rheinland / Vorbereitungskreis 1. Friedenswoche im Zollern-Alb-Kreis / Vorstand der Bezirksschülervertretung Niederkassel-Rheidt / Comitato d'intesa delle forze politiche / sociali e culturali della baviera / Deutsche Friedens-Union Landesverband Niedersachsen / Deutsche Jungdemokraten KV Braunschweig / DGB-Kreisjugendausschuß Amberg / GEW Kreisverband Offenbach-Land / Jugend im Reichsbund - Landesjugendvorstand Niedersachsen / JUSO-KV Neumarkt / Ohne Rüstung leben - Regionalgruppe Dreiländereck Lörrach / Pax Christi Bistumsstelle Freiburg / Service civil international - Berlin / SPD-UB Rheinisch-Bergischer Kreis / Westfälisch-Lippische Landjugend.

Internationale Organisationen

Nej til atomvapen, arhus - Gruppe Dänemark / Centre Vangirard, Paris, Frankreich / Comitato Regionale Umbro per la Pace, Perugia, Italien, Jugendorganisation der Kommunistischen Partei Italiens / Service Volontaire International, Mauritius / Nivon Jongeren, Amsterdam, Niederlande / Kvinner for fred, Women for peace, Norwegen / Internationaler Versöhungsbund, Wien, Österreich / Unidad Popular - Jugend Chile / Bibliothek Internationale de la Paix / Partido di Unita proletaa per il comunismo, Italien / Comitato Regionale Umbro per la Pace, Italien / St. Marys Church House, Oxford, Großbritannien / War resisters international, Großbritannien / Danmarks Kommunistiske Ungdom, Dänemark / Kommunistisk Ungdom, Schweden / Mobilization for survival, USA / Young Communist League, Kanada / Mouvement internationale de la reconciliation, Frankreich / Mouvement pour une alternative non-violence, Frankreich / Mouvement pour le desarmement, la paic et la liberté, Frankreich / Aktiegreß Neidm de Bom, Niederlande / Friedens-Aktionsgruppe »Zwaarden of Ploegscharen«, Niederlande / Interkerkelijk vredesberaad, Niederlande / Landelijk sekretatiaat vereniging dienstweigeras, Niederlande / Bond vor Dienstplichtigen, Niederlande / Confederation General du Travail, Paris / Service Civil Internationale, Branche Française-Paris / Confederation Generale du Travail (CGT), Frankreich / Forsoningsforbundet, Dänemark / Komitee »Soldaten tegen Kernwapens«, Holland / Fellowship Party, England / Kampanjen för ett kärnvepenfritt Europa, Schweden / Reseau des amis de la terre, Frankreich / Jeunesse communiste de Belgique, Belgien / Service civil international - branche française, Frankreich.

GEGEN DIE ATOMARE BEDROHUNG
GEMEINSAM VORGEHEN!
FÜR ABRÜSTUNG UND ENTSPANNUNG IN EUROPA!
Statt Atom-waffen
Brot

Friede
Ich will Frieden
auf der Welt!!
Ich bin gegen Krieg!!
I want peace
I want peace

Mut, Kraft, Phantasie und langen Atem Presseerklärung der Veranstalter

1. Die Demonstration und Kundgebung am 10. Oktober in Bonn »Gemeinsam gegen atomare Bedrohung vorgehen – für Abrüstung und Entspannung in Europa!« wendet sich »gegen neue Atomwaffen in Europa« (Aufruf). Die beiden Veranstalter Aktion Sühnezeichen/Friedensdienste und Aktionsgemeinschaft Dienst für den Frieden sowie bis heute 777 Unterzeichnerorganisationen/-gruppen eint die gemeinsame Sorge vor der wachsenden Gefahr eines Nuklearkrieges. Deswegen werden – bei allen bestehenden politischen und ideologischen Differenzen, die innerhalb der Friedensbewegung sehr viel intensiver ausgetragen werden, als das von außen wahrgenommen wird – am 10. Oktober Christen, Gewerkschafter, Sozialdemokraten, Liberale, Kommunisten und Christdemokraten gemeinsam demonstrieren.

Als Bürger der Bundesrepublik Deutschland fordern wir die Bundesregierung sowie die Regierungen der NATO-Mitgliedsstaaten auf, »ihre Zustimmung zum Beschluß über die Stationierung neuer Mittelstreckenraketen zurückzuziehen. Damit soll der Weg für die Verringerung der Atomwaffen in Ost- und Westeuropa geöffnet werden mit dem Ziel, einen wechselseitigen umfassenden Abrüstungsprozeß in Gang zu setzen. Wir treten ein für ein atomwaffenfreies Europa, in dem Atomwaffen weder hergestellt, noch gelagert oder verwendet werden« (Aufruf). Deshalb ist die Demonstration nicht einseitig.

2. Die Demonstration wendet sich gegen eine konkrete Absicht der amerikanischen Regierung, neue atomare Mittelstreckenraketen in Westeuropa zu stationieren. An dieser Absicht ist die Bundesregierung beteiligt. Die Demonstration richtet sich nicht gegen Amerika, gegen die Amerikaner oder gegen bestimmte Persönlichkeiten, sondern allein gegen die Politik der Reagan-Administration. Wir fühlen uns bestärkt durch die amerikanische Friedensbewegung sowie den wachsenden Widerstand gegen die innenpolitischen Folgen der Rüstungspolitik (Sozialetat-Kürzungen usw.), für die die Demonstration der 250 000 am vergangenen Wochenende in Washington ein Ausdruck ist. Deshalb ist die Demonstration am 10. 10. nicht anti-amerikanisch.

3. Die Demonstration tritt für Entspannung und Abrüstung in Ost und West ein und wendet sich nicht gegen sogenannte Feinde des Friedens in West oder Ost. Deshalb kennt die Demonstration zwar politische Gegner, aber keine Feinde.

4. Die Demonstration will den Teilnehmern »Mut, Kraft, Phantasie und langen Atem« (Aufruf) für die Friedensarbeit machen. Die brauchen wir, um eine Veränderung der Politik zu erreichen. Die Demonstration wird phantasievoll, kreativ und friedlich sein. Gewalt gehört nicht zu unseren Mitteln. Wir bedauern alle Versuche von einigen Politikern und Medien, die Demonstration in Verbindung mit terroristischen Aktivitäten oder Gewalttätigkeiten zu bringen und damit eine gefährliche Panikmache zu betreiben.

Aktion Sühnezeichen/Friedensdienste, Aktionsgemeinschaft Dienst für den Frieden.

Diese Presseerklärung wurde Anfang September herausgegeben.

Reaktionen vor der Demonstration anhand von Presseberichten

Union will Unvereinbarkeit

Die CDU/CSU hat Bundeskanzler Schmidt aufgefordert, allen SPD-Mitgliedern das Auftreten bei dem für den 10. Oktober in Bonn geplanten Friedenstreffen zu untersagen. Für die Berechenbarkeit der Politik der Bundesregierung wäre es von großem Nutzen, wenn Schmidt im SPD-Vorstand einen entsprechenden »Unvereinbarkeitsbeschluß« durchsetzen könne, schrieb der CDU-Abgeordnete Manfred Abelein am Montag im »Deutschland-Union-Dienst«. Eine Neuauflage versteckten oder offenen Anti-Amerikanismus »kann nach Berlin die bereits entstandene Belastung des deutsch-amerikanischen Verhältnisses nur in unverantwortlichem Maße vergrößern«, schreibt Abelein.

Auch Regierungssprecher Kurt Becker dementierte am Montag - wie tags zuvor schon die SPD - »mit aller Entschiedenheit« Presseberichte, nach denen der Kanzler einen solchen Beschluß im Parteivorstand habe durchsetzen wollen. »Der Bundeskanzler hat dies nicht erwogen, erwägt es nicht und wird es auch nicht erwägen,« sagte Becker.

Menschen, die für die Erhaltung des Friedens auf die Straße gehen, schätzen nach Ansicht des SPD-Vorsitzenden Willy Brandt »nicht sowjetische Raketen mehr als amerikanische, sondern sie halten von beiden nichts«. Demonstranten für Abrüstung und Frieden müßten ernst genommen werden. Schon jetzt hätten die Menschen die »bedrückende Empfindung, daß niemals in der Geschichte der Welt soviel Kriegsmaterial auf einem Haufen angesammelt wurde wie gegenwärtig in beiden Teilen Deutschlands«, sagte Brandt am Sonntag auf einer Veranstaltung seiner Partei in Hannoversch-Münden. Wie er selbst hätten viele in den 60er Jahren auch nicht erkannt, daß die Gegner des Vietnam-Krieges nicht gleichzeitig Feinde Amerikas gewesen seien.

Aus: Frankfurter Rundschau, 22. 9. 1981.

CSU: Friedensdemonstration dient Moskau

Die für den 10. Oktober in Bonn geplante Demonstration für Frieden und Abrüstung dient nach Auffassung des CSU-Vorstandes »der sowjetischen Propaganda mit dem Ziel, die Bundesrepublik von den USA abzukoppeln«. In einer am Montag im Anschluß an eine CSU-Vorstandssitzung verbreiteten Erklärung werden SPD und FDP aufgefordert, dafür zu sorgen, daß Vertreter beider Parteien der »von der DKP gesteuerten, anti-amerikanischen Kampagne fernbleiben«. Durch ihre Beteiligung legten »SPD und FDP Hand an das deutsch-amerikanische Bündnis und gefährden damit die Sicherheit unseres Landes«, heißt es in dem Communiqué.

Als besorgniserregend bezeichnete es der CSU-Vorstand, daß sich führende SPD- und FDP-Mitglieder wie Erhard Eppler und William Borm zu der sogenannten Friedensdemonstration bekennten. Es genüge nicht, daß Bundeskanzler Helmut Schmidt

Eppler als »Spinner« bezeichne und SPD-Politiker, die die anti-amerikanische Kampagne unterstützten, bezichtige, »das Spiel der UdSSR zu spielen«, heißt es weiter.

Tief besorgt zeigt sich die CSU über die Verschlechterung des deutsch-amerikanischen Verhältnisses. Vorgänge wie sie sich während des Besuches von US-Außenminister Alexander Haig in Berlin ereignet hätten, richten nach Auffassung des CSU-Vorstandes im Bereich der deutsch amerikanischen Beziehungen einen politischen Flurschaden an, der lange Zeit nicht behoben werden könne. Nur in der engen politischen und militärischen Zusammenarbeit mit den USA sei aber die Sicherheit Westberlins und der Bundesrepublik garantiert. Der CSU-Vorstand schloß sich ausdrücklich der Erklärung des Gesamtpersonalrates der Berliner Polizei »inhaltlich voll« an, der der SPD wankelmütiges Verhalten und Mitschuld an den Vorkommnissen, bei denen 134 Polizisten zum Teil schwer verletzt wurden, vorgeworfen hatte. Die SPD hätte nach Ansicht der CSU den Jungsozialisten unter Androhung des Parteiausschlusses die Teilnahme an der Demonstration gegen Haig untersagen müssen.

Aus: Süddeutsche Zeitung, 22. 9. 1981.

Brandt-Appell zur Friedensdemonstration

Die SPD-Führung hat die an der Friedensdemonstration am 10. Oktober in Bonn teilnehmenden Sozialdemokraten zur Abgrenzung von möglichen gewalttätigen Demonstranten aufgefordert. Nach ausführlichen Beratungen über die geplante Demonstration im SPD-Präsidium am Montagabend in Bonn erklärte der Parteivorsitzende Brandt, die teilnehmenden SPD-Mitglieder sollten sich offensiv mit all denen auseinandersetzen, »die die Demonstration für egoistische Zwecke oder gar zu Gewalttätigkeiten mißbrauchen sollten.«

Im Blick insbesondere auf das SPD-Präsidiumsmitglied Eppler sagte Brandt, Sozialdemokraten, die auf der Bonner Kundgebung das Wort ergriffen, sprächen in eigener Verantwortung. Die Initiatoren der Demonstration - die Aktion Sühnezeichen und die Aktionsgemeinschaft Dienst für den Frieden - verfolgen nach Meinung Brandts »gewiß das Ziel, den Frieden sicherer zu machen«. Davon könne auch nicht die Tatsache ablenken, daß sich an die Demonstration Gruppierungen anhängten, für die dies ein willkommener Anlaß zur Diffamierung sozialdemokratischer Friedenspolitik sei. Brandt betonte, die SPD habe sich stets als eine Partei des Friedens verstanden und handele auch heute so. Er begründete zugleich aber die SPD-Zustimmung zum NATO-Doppelbeschluß, der über Verhandlungen zum Rüstungsabbau führen solle, mit der Aufgabe, Moral in praktische Politik umzusetzen.

Für den FDP-Politiker Möllemann gibt es keinen Zweifel, daß sich die Friedensdemonstration gegen die Außen- und Sicherheitspolitik der Regierung Schmidt/Genscher richtet. Möllemann hat Berichte von verschiedenen Politikern der CDU/CSU-Opposition bestätigt, nach denen in Washington große Besorgnis über die Haltung der SPD zum westlichen Bündnis herrscht. Möllemann, der sich zwei Wochen lang zu politischen Gesprächen in den USA und Kuba aufhielt, sagte am Dienstag in Bonn, hohe amerikanische Regierungsbeamte hätten ihm gegenüber ausnahmslos eine »unverhohlene und besorgte Skepsis« über den künftigen sicherheits- und bündnispolitischen Kurs der SPD geäußert. Ungeachtet der Tatsache, daß auch das FDP-Bundesvorstandsmitglied William Borm als Redner bei der Friedensdemonstration auftreten will, appellierte Möllemann an alle Freien Demokraten, an dieser Demonstration in Bonn nicht teilzunehmen.

Die CDU-Spitze und Vertreter der Deutschen Bischofskonferenz unter Beteiligung des CDU-Vorsitzenden Kohl und des Kölner Kardinals Höffner haben in einer gemeinsamen Erklärung in Bonn betont, daß sich die gegenwärtige Diskussion über den

BfG
BOMBEN MACHEN NICHT SATT!
Aktiv Für Frieden Gegen Welthunger

Frieden nicht nur auf militärische Aspekte beschränken dürfe, vielmehr müsse auch die sittliche Dimension des Problems berücksichtigt werden.

Aus: Ludwigshafener Rundschau, 30. 9. 1981.

Keine politische Demonstration auf protestantischem Kirchenboden

»Wir wollen keine Demonstrationen in kirchlichen Räumen, evangelische Christen haben einen anderen Auftrag als Politiker!« Diese Meinung vertritt Pfarrer Bernd von Kunhardt von der Friedenskirchengemeinde und weiß sich eins mit dem Presbyterium.

Notwendig wurde eine Aussage zu dieser Problematik, die bereits bundesweit als Diskussionsstoff herhalten mußte, nachdem sich der Pfarrer der Studentengemeinde mit der Bitte um Unterstützung bei der Durchführung von Aktionen zur Friedensdemonstration und der Bonner Friedenswochen im Oktober beim Presbyterium bemühte.

Konkret wollte die Studentengemeinde mit ihrem Pfarrer einen Friedensgottesdienst am 9. Oktober, dem Freitag vor dem Demonstrationstermin, halten. Die Friedenskirchengemeinde wurde um Zustimmung gebeten, allerdings bis zu einem Zeitpunkt, der vor der nächsten Presbyteriumssitzung lag. So konnte aus Gründen der Terminplanung dem Antrag schon nicht stattgegeben werden.

Das Presbyterium wollte jedoch nicht nur den zeitlichen Sachzwang als Entscheidungsgrundlage sehen. In der Sitzung am 14. September wurde eine Mitteilung an die Friedenskirchengemeinde formuliert und verabschiedet. Sie wurde am vergangenen Sonntag an die Gläubigen der Gemeinde verteilt.

In fünf Punkten wird die Position des Presbyteriums klargestellt: Probleme des Friedens, auch der Friedenssicherung nach außen, werden auch als Problem der evangelischen Christen gesehen. Allerdings seien dabei keine politischen Stellungnahmen und Wertungen - konkrete, politisch motivierte Aktionen eingeschlossen - geeignet, um im Rahmen der Kirche Friedensarbeit zu leisten. Deshalb wurde, besonders um sich nicht in den politischen Konflikt einspannen zu lassen, beschlossen, keine Räumlichkeiten zur Verfügung zu stellen. »Nachhaltige Meinungsverschiedenheiten in der Gemeinde sowie eine Störung ihrer Aufgaben« befürchten die Verfasser der Kirchenmitteilung.

Pfarrer von Kunhardt meinte im Gespräch mit dem General-Anzeiger: »Der Vorwurf, wir würden die Studentengemeinde nicht richtig aufnehmen, stimmt nicht.« Nach seiner Ansicht machen es die Aktionen der jungen Protestanten, besonders die politisch motivierten, von vornherein unmöglich, gemeinsam vorzugehen.

Aus: General-Anzeiger (Bonn), 22. 9. 1981.

Erzbischof Saier warnt vor Friedensdemonstration

Es sei mehr als fraglich, ob gerade die Friedensdemonstration am kommenden Samstag in Bonn dem Ziel dienen könne, den Standpunkt des Christen zur Friedensproblematik deutlich zu machen. Dies betont der Erzbischof von Freiburg, Oskar Saier, in einer Erwiderung auf die »Erklärung hauptamtlicher Mitarbeiter der kirchlichen Jugendarbeit in der Erzdiözese Freiburg«. 42 Jugendreferenten, darunter zwei Geistliche, hatten dieser Tage mit ihrer Erklärung gegen das Wettrüsten Stellung genommen und die katholischen Bischöfe aufgefordert, »deutlich gegen die Aufrüstung

KEIN ATOMGÄU
IM ALLgäu

einzutreten«. Die Demonstration in Bonn wurde von den 42 Unterzeichnern befürwortet, »um unsere Position als Christen zu verdeutlichen«. Erzbischof Saier erklärt dagegen, die aus dem Auftrag Christi erwachsende besondere Verantwortung für den Frieden gerade in der gegenwärtigen Situation sei ihm bewußt. Deshalb könne er der dringenden Sorge der Jugendreferenten um Wege und Möglichkeiten der Friedenssicherung voll zustimmen. Die daraufhin notwendigen Schritte müßten freilich stets mutige Entschlossenheit mit kritischem Urteil verbinden. Dies scheine nicht gegeben zu sein, wenn die Unterzeichner eine Teilnahme an der Bonner Demonstration befürworteten. Im Blick auf die bevorstehenden Ereignisse in der Bundeshauptstadt schreibt Saier: »Jedenfalls ist der Sog manipulativer Tendenzen schon zu offenkundig.«

Aus: Stuttgarter Zeitung, 9. 10. 1981.

Aufruf zur Gewaltlosigkeit

In einer Erklärung zur internationalen Friedensdemonstration in Bonn am 10. Oktober rufen die maßgeblichen Mitwirkenden Heinrich Albertz, Helmut Gollwitzer und Kurt Scharf vor allen Dingen zur Gewaltlosigkeit auf. Wir bringen die Erklärung, die die wesentlichen Argumente für die Demonstration zusammenfaßt im Wortlaut:

Die »Friedensbewegung« der Organisationen, die unseren Aufruf zu einer Demonstration am 10. Oktober 1981 in Bonn unterzeichnet haben, will die bestehenden Verhältnisse über die Erde hin verändern, zu verändern helfen. Sie empfindet das Mißverhältnis zwischen 800 Millionen Hungernden in der Menschheit und den Aufwendungen für militärische Hochrüstung von jährlich 1,3 Billionen DM der waffenproduzierenden Industrie als unerträglich. Sie strebt eine politische und ökonomische Ordnung an von mehr Gerechtigkeit und mehr Mitbeteiligung aller an den die Zukunft bestimmenden Entscheidungen innerhalb der Völkerwelt.

Sie verfolgt diesen Weg gewaltlos. Sie sieht das Ziel gefährdet, wenn einzelne, die mit ihr nach mehr Freiheit, nach mehr Gerechtigkeit und nach einem Mindestmaß an Wohlstand für alle Bewohner der Erde verlangen, – im Kampf gegen die sich steigernde Rüstung, gegen wachsendes Elend und zunehmende Unterdrückung – sich der Gewalt bedienen, in welcher Situation auch immer. Wir bemühen uns, dem entgegenzuwirken, daß Feindbilder entstehen oder sich verfestigen. Klare, auch harte Auseinandersetzungen sind unvermeidlich, ja notwendig. Doch wie wir verlangen, daß »unser Weg zum Frieden« von Andersurteilenden nicht diffamiert wird, so respektieren wir die Auffassungen unserer politischen Gegner. Wir sehen in »Gegnern« nicht »Feinde«. Wenn wir darum gegen Tendenzen in der Politik der derzeitigen amerikanischen Regierng uns wenden, verschreiben wir uns keineswegs einem Anti-Amerikanismus.

Wir dürfen dankbar feststellen, daß wir in unserer Kritik am neuen Washingtoner Kurs übereinstimmen mit den Warnungen des nationalen Kirchenrates der USA vor einer Staatsideologie der eigenen Regierung. Ebenso halten wir den Antikommunismus für ein gefährliches Zerrbild, auch wenn wir Akte der sowjetischen Politik, militärpolitische und gegen Kritiker gerichtete administrative Maßnahmen nicht billigen. Wir bitten die Bundesregierung in Bonn zu erkennen, daß unsere Demonstration wie unsere gesamte Bewegung sich nicht gegen sie richtet, sondern gegen bestimmte politische Konzepte, vor allem in der Frage der Sicherheit. Dabei verwerfen wir jede Ideologisierung von Fragen pragmatischer Entscheidung auf der einen wie auf der anderen Seite. Wir möchten Beispiele dafür geben, wie unvermeidbare Konflikte auf friedliche Weise gelöst werden können.

Wir handeln aus dem Glauben, daß – auf weite Sicht – Geist stärker ist als Gewalt, und sind guter Zuversicht, daß sich Liebe, auch die zum sich feindlich gebärdenden

Anderen, als die Vernunft des Überlebens erweisen wird. Liebe sucht zu gewinnen, zu überzeugen; sie verdammt nicht, sie will nicht irgendeinen anderen ausschalten oder vernichten.

Wir von der »Aktion Sühnezeichen/Friedensdienste« kommen soeben von der Grundsteinlegung des Baues einer Internationalen Jugendbegegnungsstätte in Auschwitz. Auschwitz ist Inbegriff und demokratischer Beweis dafür, daß Streben nach Macht und Vertrauen auf Gewalt in den Untergang führen. In der fortgeschrittenen Zeit, im wissenschaftlichen Zeitalter atomarer, biologischer und chemischer Waffensysteme ist eine Abkehr vom Götzendienst unterdrückender wie angedrohter Gewalt lebensnotwendig, weil durch ihn nicht nur Angegriffene und Angreifer - mit Sicherheit auch sie -, sondern wahrscheinlich die Menschheit als ganze zugrunde gerichtet werden.

Frieden und Zukunft werden gewonnen durch ein tapferes und unentwegtes Bekunden eines Willens dazu, der für die Durchsetzung des Zieles auf Gewalt verzichtet!

Aus: Frankfurter Rundschau, 8. 10. 1981.

Beim »Frieden« scheiden sich die Geister

Ihre Friedensliebe betonen alle. Doch die Gewerkschafter sind darüber uneins, wie ihrem Verlangen Ausdruck verliehen werden kann. Trotz seines eigenen Friedensappells bietet der DGB ein uneinheitliches und zerrissenes Bild. Die Geister scheiden sich an der für den 10. Oktober in Bonn angesetzten Demonstration der »Aktion Sühnezeichen« und der »Aktionsgemeinschaft Dienst für den Frieden«.

Vor allem junge und alte Gewerkschafter sind verschiedener Meinung. Der Beschluß des DGB-Bundesvorstandes, dieser Veranstaltung fern zu bleiben, forderte den Widerspruch der Gewerkschaftsjugend heraus. Und so beschloß der DGB-Bundesjugendausschuß fast einstimmig, die »Alten« sollten ihren Beschluß noch einmal überdenken. Es gebe gewichtige Argumente für eine Teilnahme. Auch gehe man davon aus, daß sich eine Gewerkschaftsjugend an der Bonner Demonstration beteiligen werde.

Aber auch die 17 Einzelgewerkschaften im DGB sind verschiedener Meinung. Und sogar innerhalb einzelner Gewerkschaften handeln Orts- und Kreisverbände nach verschiedenen Grundsätzen. Dabei sind Meinungsunterschiede - wenn überhaupt - oft nur schwer, allenfalls in Nuancen zu erkennen. Ursprünglich hatte der DGB an der Kundgebung der »Aktion Sühnezeichen« teilnehmen wollen und sollen. Er wurde erst anderen Sinnes, als er feststellte, daß auch Gruppierungen dabei waren, mit denen er nichts gemein haben will.

Statt dessen geben jetzt sogar innerhalb einer Gewerkschaft die Vorstandsmitglieder verschiedene Stellungnahmen ab. So setzte sich Christian Götz, Vorstandsmitglied der DGB-Gewerkschaft Handel, Banken und Versicherungen (HBV), für die Bonner Demonstration ein, obwohl sein Vorsitzender Günter Volkmar im DGB-Bundesvorstand dagegen war. Auch bei der großen und einflußreichen IG Metall wurden zwei Strömungen offenbar. Vorständler Georg Benz, der auch in Bonn als Redner auftreten will, ließ die Bezirksleitungen, Ortsverwaltungen und Schulen seiner Organisation wissen, daß man in Bonn dabeisein solle. Wenige Tage später erfuhren dann die gleichen Stellen vom Gewerkschaftschef Loderer und seinem Vize Hans Mayr, die IG Metall halte sich an den DGB-Beschluß und werde auch keine Kosten übernehmen. Damit kamen dem Vernehmen nach einige Ortsverwaltungen in Schwierigkeiten, weil sie bereits Busse bestellt hatten.

Aus: Nordsee-Zeitung, 26. 9. 1981.

Günter Dahl: Ich bin ein Friedenshetzer

Meine Sehnsucht nach Frieden muß etwas Anrüchiges sein. Zu diesem Schluß bin ich nach der Lektüre der »Welt am Sonntag« gekommen, und nun weiß ich nicht weiter.

Kein Belesener wird bezweifeln, daß es sich um eine Zeitung handelt, die von einem klugen Verleger herausgegeben wird und dessen Gesinnung zur Leitlinie hat. Und von dem Verleger Axel Springer ist bekannt, daß er für den Frieden ist. Aber für welchen? Ist der Friede, den er meint, auch mein Friede?

Es geht in unserem Vaterland ja nun wirklich nicht, daß jeder für jeglichen Frieden ist, für den Frieden als solchen. Da muß differenziert werden. Am besten, man beginnt die Friedfertigen auszusondern, und dabei sind einem solche Zeitungen behilflich.

Anrüchig ist zum Beispiel jene Friedensbewegung,die zur Demonstration am 10. Oktober in Bonn aufgerufen hat. Wer da mitmacht, dem wird nicht etwa die Angst vor dem Verlust des Friedens als ehrliche Motivation unterstellt - oh, nein, der wird erst einmal verdächtigt. »Wir werden damit beginnen, die theatralischste Friedensbewegung in Szene zu setzen, die jemals existiert hat«, zitiert die »Welt am Sonntag« aus dem Jahre 1931 den Russen Dimitrij Manuilski, einen Mitarbeiter Lenins. Und weil dieser Manuilski »Spitzenfunktionär der Kommunistischen Internationale« war, liegt die Logik auf der Hand: Frieden, von einem Kommunisten gefordert, hat einen Beigeschmack, kann echter Friede nicht sein, eher eine Perversion. Schließlich hatte 1936 der Bulgare Dimitroff, damals Generalsekretär der Komintern, gegen Hitler eine »Friedensfront« von Tokio bis London, von New York bis Berlin, über alle Kontinente hinweg gefordert. Auch ein Kommunist.

Immer wieder sind es diese verdammten Kommunisten gewesen, die da vom Frieden faseln. Und natürlich paßt da auch das Forum »Der Atomtod bedroht uns alle« ins Konzept, das so suspekte Leute wie »Mitglieder der SPD und FDP, des DGB und der Grünen« inspiriert haben. Aus dieser Ecke kam - wen wundert's - vor einigen Monaten der »Krefelder Appell«, und den zu unterschreiben hatten der Ex-General Gert Bastian, die »Grüne« Petra Kelly und Martin Niemöller aufgefordert, in diesem Zusammenhang nicht als Pastor oder ehemaliger Kirchenpräsident apostrophiert, sondern als »Lenin-Preisträger«. Ein Mann kann so aufrecht sein, wie er will, er kann das Großkreuz des Bundesverdienstordens tragen - mit dem Lenin-Orden behaftet, läßt seine Gesinnung zu wünschen übrig.

»Nun also soll es am 10. Oktober zu einer der größten Friedensdemonstrationen kommen, dem Marsch auf Bonn... Unzählige SPD-, FDP- und DGB-Mitglieder, Christen aller Konfessionen und selbstverständlich die DKP... wollen an diesem Spektakel teilnehmen«, heißt es genüßlich in der »Welt am Sonntag«. Daß auch CDU-Mitglieder dabei sein könnten, wird gar nicht erst vermutet. Deren Friede ist wohl der rechte. Gibt's denn zwei?

Auch der Bundeskanzler schüchtert mich ein: »Ich bin gegen Kundgebungen, die eine Kampfansage gegen die Bundesregierung darstellen.«

Wie ist es, haben Sie, mit der gleichen Angst um den Frieden wie ich, jetzt nicht doch Gewissensbisse und Hemmungen? Bedenken Sie, da sind linke Sozis dabei (über die brauchen wir ja nicht zu reden) und Freidemokraten (was ist von denen schon zu erwarten), Gewerkschafter (typisch), DKP (pfui Teufel) und Christen aller Konfessionen (bestimmt keine Patrioten) - mit anderen Worten: alles, was in diesem Land fragwürdig ist.

So muß ich mich also verkriechen und mich schämen, weil ich Frieden will, den auch Leute wollen, die suspekt sind. Weil ich mir wünsche, zu überleben, und für meine Kinder auf ein bißchen Morgen hoffe.

Oster-
marschierer
fordern:
Kampf
dem
Atomtod
Oster-
marschierer
fordern:
Kampf
dem
Atomtod
Statt
Atom-
waffen
Brot
für die
Welt
Oster-
marschierer
fordern:
Kampf
dem
Atomtoc

Übrigens fehlt da noch einer auf der Liste der linken Vögel. Er hatte lange Haare, einen Bart, keine solide Ausbildung. Friede ging ihm über alles. Dafür ließ er sich prügeln, auslachen und diffamieren. Es endete böse mit ihm. Was er allen, die ihm nachliefen, gesagt hat, und was er vom Frieden im allgemeinen hielt, ist in einem dicken Buch aufgezeichnet und in sämtliche Sprachen übersetzt worden. Name des Mannes: Jesus. Titel des Buches: Bibel.

Ganz so übel ist die Gesellschaft also doch nicht, in der ich mich mit meiner Sehnsucht nach Frieden befinde.

Aus: Der Stern, 8. 10. 1981.

Selbstgerechtigkeit beklagt – Debatte über Friedensdemonstration in Bonn

Im Bundestag scheiterte am Freitag der Antrag der CDU/CSU, die am Samstag in Bonn geplante Friedensdemonstration »als gegen die Sicherheitsinteressen der Bundesrepublik« gerichtet verurteilen zu lassen, an der Mehrheit der Koalition. Der SPD-Abgeordnete Hugo Brandt warf in der Debatte den Unionspolitikern eine »kreuzverdammte Selbstgerechtigkeit« vor, die mehr als alles andere Politik korrumpiere. Das Parlament bestätigte durch die Annahme des Antrages der Koalition ausdrücklich das im Grundgesetz verankerte Recht auf friedliche Demonstration.

Bundesregierung und Koalitionsparteien forderte zu Beginn der Debatte der stellvertretende Vorsitzende der CDU/CSU-Bundestagsfraktion, Friedrich Zimmermann, auf, zu der Friedensdemonstration eindeutig Stellung zu nehmen und ihre Unvereinbarkeit mit den sicherheitspolitischen Interessen der Bundesrepublik festzustellen, wie es seine Fraktion beantragt hat. Die Veranstaltung diene »eindeutig dem Interesse Moskaus« und sei »in ihrer Stoßrichtung gegen die offizielle Politik der Regierung gerichtet«, sagte Zimmermann. Er erinnerte die SPD an ihren Unvereinbarkeits-Beschluß, der gemeinsame Aktionen von Sozialdemokraten und Kommunisten verbiete.

Den Antrag der Koalition, der noch einmal den NATO-Doppelbeschluß bekräftigte, lehnte seine Fraktion nicht inhaltlich ab. Aber er sei nur unzureichend und »sichtbar Ausdruck einer nur formalen gemeinsamen Plattform«.

Für die SPD machte deren Vorsitzender Willy Brandt deutlich, daß das Grundrecht der freien Meinungsäußerung und damit auch das Recht, friedlich zu demonstrieren, nicht zur Disposition des Bundestages stehe. Brandt empfahl der Union »etwas weniger Aufgeregtheit«. CDU und CSU hätten sich auf das taktische Manöver eingelassen sich als Helfer der Bundesregierung darstellen zu wollen. Er trete jenen »Hysterikern« entgegen, die zur falschen Zeit mit falschen Argumenten riefen, das Vaterland sei in Gefahr. Die Union tue dem deutschen Ansehen keinen Dienst, wenn sie dem Ausland gegenüber einen »kommunistischen Popanz« aufbaue. Man dürfe nicht Tausende von jungen Menschen dadurch beleidigen, indem man sie zu Mitläufern Moskaus abstempele. Es sei eine üble Stimmungsmache, Sozialdemokraten mit Krawallmachern und Chaoten auf eine Stufe zu stellen.

An die Demonstranten appellierte Brandt, bei der Bekundung des Friedenswillens komme es auch auf die friedlichen Mittel an, denn nur gewaltloser Protest sei glaubwürdiger Protest gegen den Krieg.

Der Vorsitzende der FDP-Bundestagsfraktion, Wolfgang Mischnick, warf der CDU/CSU vor, mit der von ihr initierten Debatte die Demonstration in einer Weise aufgewertet zu haben, wie es sich die Veranstalter nicht hätten träumen lassen. Es sei nicht die Aufgabe des Bundestages, als »Vorzensor tätig zu werden«, sondern er habe die Pflicht, in der Sache zu entscheiden. Dies habe das Parlament jedoch bereits am

26. Mai 1981 mit seiner Entscheidung für den NATO-Doppelbeschluß getan. Der FDP-Politiker appellierte an die Opposition, nicht alle Demonstranten am Samstag in einen Topf zu werfen, sondern Toleranz zu üben und das Recht auf Meinungsfreiheit zu achten. Wörtlich meinte Mischnick an Demonstranten und Opposition gerichtet: »Illusionen sind genauso gefährlich wie Rechthaberei und Drohgebärden.«

Bundeskanzler Helmut Schmidt forderte die Demonstranten auf, um ihrer eigenen Glaubwürdigkeit willen gewaltfrei zu demonstrieren. An alle Bürger appellierte der Kanzler: »Bewahren wir den inneren Frieden, anders bleiben wir nicht imstande, den äußeren Frieden zu sichern.« Nachdrücklich unterstrich Schmidt, die tragende Grundlage der sozial-liberalen Koalition sei der Wille zum Frieden. »Ich werde mir das Wort Friedenspolitik und den Inhalt dieser Politik von niemandem abhandeln lassen«, sagte Schmidt.

In seiner immer wieder vom Beifall des ganzen Hauses unterbrochenen Rede meinte der Kanzler, er sehe im wesentlichen vier Hauptströmungen bei den Teilnehmern der Demonstration. Die erste Gruppe seien überzeugte Gesinnungspazifisten, »die haben meinen Respekt, solange ich leben werde«. Zur zweiten Gruppe rechnete er die Befürworter eines militärischen Gleichgewichts, »die aber Nachdruck dahinter machen wollen, daß das Gleichgewicht auf niedrigerer Ebene als bisher« zustande komme. »Zu dieser Gruppe möchte ich mich für meine Person bekennen«, meinte Schmidt auch unter dem Beifall der Opposition. Weiter beteilige sich eine Gruppe, die auf das Gleichgewicht verzichten wolle und bereit sei zu einseitiger Abrüstung. Dieser Gruppe müsse er sagen, eine solche Politik schaffe zusätzliche Unsicherheit. Schließlich gebe es eine kleine Minderheit, die »die Interessen anderer Staaten« vertreten würden. »Mit denen könnte ich niemals gemeinsam etwas unternehmen«, sagte der Kanzler. Die Organisatoren der Demonstration hätten es leider versäumt, sich von diesen Gruppen zu distanzieren. »Es würde eindeutig der Friedenssache nützen, wenn man sich diese ganz anders Interessierten von den Rockschößen streift«, sagte Schmidt.

Der Kanzler bekannte sich nachdrücklich zum NATO-Doppelbeschluß. Eine »Null-Lösung« bezeichnete Schmidt als »ideales Verhandlungsresultat«. Die Sowjetunion könne diese Verhandlungen erleichtern, meinte er, wenn sie aufhören würde, »jede Woche eine neue SS-20 zu installieren«.

Oppositionsführer Helmut Kohl sprach für die CDU/CSU die Befürchtung aus, daß durch die Zusammenarbeit großer Teile der SPD »mit der kommunistisch gesteuerten Friedenbewegung« der demokratische Konsens in der Bundesrepublik gefährdet werden könnte. Es sei die Wahrheit, daß neben vielen wohlmeinenden Mitbürgern der harte Kern der kommunistischen Bewegung in Bonn demonstrieren werde. Durch die Tatsache, daß viele Sozialdemokraten an dieser Veranstaltung teilnähmen, werde die »Volksfront« praktiziert, »und damit wird die Grundvoraussetzung der Solidarität der Demokraten zerbrochen«.

Dem Kanzler hielt Kohl vor, in seiner eigenen Partei »mit dem Rücken an der Wand zu stehen«. Seine Rede und die des SPD-Vorsitzenden Brandt seien »zwei Welten« gewesen. Der Kanzler habe zwar die Probleme der Politik richtig vorgetragen, er habe aber nicht mehr die Mehrheit, um diese Politik auch durchzusetzen.

Vom SPD-Bundestagsabgeordneten Hugo Brandt wurden die Äußerungen der Unionspolitiker zur Friedendemonstration als »kreuzverdammte Selbstgerechtigkeit, die mehr als alles andere Politik korrumpiert«, zurückgewiesen. Nur weil ein paar Kommunisten teilnähmen, werde gleich wieder von Volksfront geredet. Dieser Vorwurf habe viel Methode und sei eine Absurdität. Sollten sich Demokraten zurückziehen, wenn irgendwo ein paar Kommunisten auftauchen, fragte Brandt. Schließlich werde deren Bedeutungslosigkeit vom Wähler von Wahl zu Wahl ratifiziert. Brandt wies den »untauglichen Versuch« der Union, einen Keil zwischen Kanzler und Fraktion oder Kanzler und Partei treiben zu wollen, zurück.

Der stellvertretende Vorsitzende der Unionsfraktion, Manfred Wörner, entgegnete Hugo Brandt, daß die Union kein Monopol auf den Frieden aktzeptiere. Er habe es satt, daß die CDU als Partei bezeichnet werde, die Spaß an Panzern und Flugzeugen habe. Sie sei bereit, morgen diese Geräte zu verschrotten, wenn der Warschauer Pakt das gleiche tue.

Außenminister Hans-Dietrich Genscher bescheinigte dem Kanzler zum Schluß der Debatte, »eine große Rede« gehalten zu haben. »Meine Partei steht voll hinter diese Rede«, sagte der FDP-Vorsitzende.

Gegen die Stimmen der Opposition beschloß der Bundestag eine von der Koalition eingebrachte Entschließung, in der noch einmal der NATO-Doppelbeschluß bekräftigt wird. Gleichzeitig wird darin die Ankündigung sowjetisch-amerikanischer Gespräche über Rüstungsbegrenzung begrüßt und das Recht auf Demonstration hervorgehoben. Von 491 Abgeordneten votierten in namentlicher Abstimmung 271 für den Antrag, 218 stimmten dagegen und zwei enthielten sich. Der Antrag der Union, der die Unvereinbarkeit des Demonstrationsaufrufs mit den sicherheitspolitischen Interessen der Bundesrepublik feststellen lassen wollte, wurde mit der Mehrheit der SPD/FDP-Stimmen abgelehnt.

Aus: Frankfurter Rundschau, 10. 10. 1981.

Liebe Bonnerinnen und Bonner!

Am Samstag, dem 10. Oktober 1981, kommen ca. 100 000 Menschen aus dem In- und Ausland, um von ihrem Grundrecht auf Meinungs- und Demonstrationsfreiheit in der Bundeshauptstadt Gebrauch zu machen.

Die Demonstration und Kundgebung steht unter dem Motto: »Gemeinsam gegen die atomare Bedrohung vorgehen – für Entspannung und Abrüstung in Europa!«

Weshalb? Weil es sehr auf die Bundesrepublik ankommt, ob die Pershing II und die Cruise Missile (Marschflugkörper), gegen die wir uns wenden, in Europa eingeführt werden. Die Demonstration richtet sich nicht gegen die USA. Viele von Ihnen sind für die neuen Raketen, viele unentschieden, viele gehen mit uns – wie im ganzen Lande. Auch wenn Sie nicht unserer Meinung sind, akzeptieren Sie bitte, daß wir in dieser Überlebensfrage gegen die »Nach«-Rüstung Partei ergreifen.

Wir demonstrieren

- gewaltfrei (ohne Krawall, Steinewerfen und Sachbeschädigungen),
- für einen umfassenden wechselseitigen Abrüstungsprozeß: gegen Raketen in Ost und West. Wir können auf die »Nach«-rüstung u.a. deshalb verzichten, weil genügend westliche Raketen da sind, um die sowjetische SS-20 »auszugleichen«.

In beiden Punkten sind wir uns mit den 802 Unterzeichner-Organisationen des Aufrufes (Stand 2. 10. 1981) einig.

Unsere Bitten an Sie:

- Sprechen Sie mit den Demonstranten!
- Haben Sie bitte Verständnis für die Verkehrsbehinderungen, die sich aus der Anwesenheit von so vielen Menschen ergeben. Wenn möglich, parken Sie ihr Auto am Freitagabend bitte nicht in der Nähe der Aufstellplätze.
- Machen Sie Ihre Einkäufe in der Innenstadt bitte am Donnerstag und Freitag!

Ein Flugblatt mit diesem Text und dem Kundgebungs-Programm wurde in der Woche vor der Demonstration von den Veranstaltern (Aktion Sühnezeichen/Friedensdienste und Aktionsgemeinschaft Dienst für den Frieden) an die Bonner Bevölkerung verteilt.

Aufruf von Älteren an Ältere zur Teilnahme an der Friedensdemonstration am 10. Oktober in Bonn

Laßt nicht nur die Jungen vorangehen – der Friede geht auch uns Ältere an!

Daß so viele Jugendliche, die von den Schrecken des Krieges allenfalls in Geschichtsbüchern gelesen, von uns, den Eltern und Großeltern, erfahren oder anderwärts aus den täglichen Nachrichten entnommen haben, nun gegen die weitere Aufrüstung mobilisieren und für Abrüstung und Frieden demonstrieren, läßt uns hoffen. Was spräche mehr für diese Jugend und ihr Engagement als die sich ausbreitende ministeriell inkriminierte »pazifistische« Gesinnung? Und wenn die Jungen sich nicht gegen Krieg und Kriegsvorbereitung wehrten, dann wäre die Zukunft schon heute verloren.

Warum aber sind bei den Friedenskundgebungen so wenig Ältere zu sehen, die wir doch den Zweiten Weltkrieg unsererseits als Jugendliche und Erwachsene an der Front und im Luftschutzkeller oder auch im Zuchthaus in seiner Menschen zerstörenden Gewalt, seiner Sinnlosigkeit erlebt haben, einen Krieg, für den wir Deutsche verantwortlich zeichnen. Lassen uns doch zahlreiche Gespräche gewiß werden, daß auch viele Ältere in ihrem Herzen und in ihrem Verstande weitere Rüstung verurteilen und den Frieden über alles schätzen. Aber viele haben resigniert oder sind noch so nachhaltig vom Kriegsangst verstellenden Kalten Krieg beeinflußt, daß sie sich noch nicht freimachen können für die Angst, die eigentlich real ist: die kollektive Selbstausrottung, gefördert durch Rüstungen in West und Ost. Vor allem aber sind viele von uns Älteren nicht gewohnt, daß man für seine Interessen auch öffentlich eintreten muß. Wenn aber der Frieden so in Gefahr ist wie gegenwärtig und die Chancen des Nichtkriegs fortlaufend durch Höherrüstung unterhöhlt werden, dann müssen auch wir Älteren uns einreihen und mitdemonstrieren.

Eine große Demonstration für den Frieden und gegen weitere Rüstung wird am 10. Oktober 1981 in Bonn stattfinden. Bitte, liebe Altersgenossen und Altersgenossinnen, bleibt an diesem Tage nicht zu Hause. Laßt die Jungen in ihrem Engagement für den Frieden nicht allein! Zeigt allen Politikern im In- und Ausland, daß der Generationenvertrag in Sachen Frieden in der Bundesrepublik klappt.

Hierzu rufen auf: Lisa und Wolfgang Abendroth, Inge Aicher-Scholl, Gert Bastian, William Borm, Peter Brückner, Andreas Buro, Peter Conradi,

Marianne und Walter Dirks, Ingeborg Drewitz, Helga Einsele, Bernt Engelmann, Annemarie und Walter Fabian, Herbert Faller, Iring Fetscher, Ossip K. Flechtheim, Brigitte und Helmut Gollwitzer, Paul Grünewald, Gertrud und Heiner Halberstadt, Karl-Heinz Hansen, Irmgard Heydorn, Werner Holtfort, Inge und Walter Jens, Arno Klönne, Heinz Kloppenburg, Ulrich Klug, Eugen Kogon, Walter Kreck, Lothar Kreyssig, Erich Meinicke, Jakob Moneta, Wolf-Dieter Narr, Oskar Negt, Martin Niemöller, Horst-Eberhard Richter, Jos. Cor. Rossaint, Jürgen Seifert, Dorothee Sölle, Ulrich Sonnemann, Willi Scherer, Otto Schily, Rudolf Schöfberger, Martin Stöhr, Klaus Traube, Hanne und Klaus Vack, Ernst Wilm.

Wolfgang Abendroth

Jörn-Erik Gutheil
Auf Versöhnung und Vertrauen zwischen den Völkern setzen

Etwa 700 Menschen nahmen am Vorabend des 10. Oktober 1981 an einem Friedensgottesdienst in der Bonner Trinitatis-Kirche teil. Im folgenden einige Auszüge aus der Predigt des Studentenpfarrers Jörn-Erik Gutheil:

Wir sind es gewohnt, nach den Kosten von Krieg und Rüstung zu fragen. Da sehen viele ein, daß sie bezahlen müssen. Da weiß jeder, daß Opfer von ihm verlangt werden. Unter Umständen auch das Opfer des eigenen Lebens. Mit dem Geist der Kraft, der Liebe und der Besonnenheit lernen wir fragen, welche Kosten, welche Opfer sind wir bereit für den Frieden aufzubringen? Denn kostenlos wird uns der Friede nicht zufallen. Wenn die augenblickliche Mobilität in unserem Lande Wirkung haben soll, dann dürfen wir keine Kosten scheuen. Ich glaube, daß uns das Beispiel von Dietrich Bonhoeffer, von Martin Luther-King und Erzbischof Romero zeigt, daß für den Frieden unter Umständen das eigene Leben als Pfand gegeben werden muß. Fragen wir uns deshalb, wo fängt einer an, diese Unkosten auf sich zu nehmen? Fragen wir uns selbst, wo und wie wir damit anfangen können?

An dieser Stelle bricht eine für Christen nicht unerhebliche Frage auf: Ist Friede, wo immer wir ihn erfahren, ein Geschenk Gottes – oder ist er in seiner Gesamtheit von uns machbar? Ich glaube, darauf muß eindeutig geantwortet werden. Der Geist der Kraft redet uns nicht ein, wir könnten das Friedensreich schaffen. Der Geist der Kraft hilft aber den Ort und die Zeit zu erkennen, wo wir um des Zeugnisses von Christus willen verantwortlich reden und handeln müssen, um des Friedens willen, der höher ist als alle Vernunft. Alle Unterstellungen, wir arbeiteten der kommunistischen Seite in die Hände, wir seien nützliche Idioten, gefährdeten einseitig die Sicherheit unseres Landes, förderten den Anti-Amerikanismus – wir haben das heute im Parlament alles wieder gehört – dürfen uns nicht kraftlos und hilflos werden lassen. Politik und Gesellschaft haben keine rechte Freude an uns. Trotzdem: Lassen wir uns nicht irritieren, verhärten, zum Dialog unfähig machen. Decken wir weiter im Bewußtsein von uns selbst und unseren Mitbürgern auf, was wir schon alles aus lauter Verzagtheit zugelassen haben; die ganzen Perversionen des Denkens müssen ans Tageslicht, um endlich behandelt zu werden. Nur so ist die gewünschte Neuorientierung möglich. Dazu müssen wir unsere Phantasie, die spielerische schöpferische Freiheit, die uns der Geist der Kraft schenkt, einsetzen. Unser Interesse muß es sein, die Wünsche und Bedürfnisse vieler Menschen in Ost und West auszusprechen und in politische

Aktionen umzusetzen. Denn viele Menschen sind jetzt bereit, mit uns zu sagen: Es ist genug! Wir wollen keine weiteren Atomwaffen in Westeuropa!

Erwarten wir nicht, daß uns dabei von den Verantwortlichen in Politik, Kirche und Gesellschaft Blumen gestreut werden. Wer den Frieden sucht, gerät zwischen die Fronten. Dort müssen wir lernen, nach beiden Seiten laut zu rufen: Wir wollen Frieden, jetzt! Wir setzen auf Versöhnung und Vertrauen zwischen den Völkern, wie es sich in verschiedenen Initiativen wie der Aktion Sühnezeichen/Friedensdienste schon manifestiert.

Wer zwischen die Fronten gerät, dem laufen ehemalige Freunde weg. Der kann zu Fall kommen. Aber bleiben wir darin gewiß, daß uns viele in ihren Gebeten und in ihren Hoffnungen begleiten. Nicht nur hier in der Bundesrepublik Deutschland.

Christus hat den Tod besiegt. Das bezeugen wir in unserem Glauben. Er hat uns einen Leben spendenden Geist der Kraft, der Liebe und der Besonnenheit anvertraut. Wir sollen damit etwas anfangen in unserem Leben. Wir sollen vorleben, was uns verheißen ist. Auf diesem Weg kommt das Reich des Friedens voran.

Wer von diesem Weg ab- und zur Gewalt übergeht, wer weitere Atomwaffen baut und für den Abschuß einplant, wer Knüppel schwingt und Wasserwerfer einsetzt, der erkennt die Macht des Todes an. Wer von uns meint, dagegen Steine schmeißen zu müssen, der weist keinen Weg aus der Macht des Todes heraus. Wer auf die Kraft des Lebens setzt, auf die Kraft der Liebe, der geht den Weg des Gewaltverzichts. Der nimmt nicht passiv jeden neuen Schritt des Wahnsinns einfach hin, sondern der trägt aktiv Verantwortung. Der macht sich auf und überwindet die Angst. Er scheut sich nicht, erste vertrauensbildende Schritte einzuschlagen. Denn: Für ihn gilt: Christus, er ist unser Friede! Und deshalb arbeitet er mit in seiner Gemeinde, in der Gewerkschaft, in seiner Partei. Wer auf die Kraft des Lebens setzt, läßt nicht länger zu, daß der Frieden zum Kompromißthema verkommt. Eingedenk des Zeugnisses unseres Herrn: »Eure Rede sei ja, ja! Nein, nein!« (Matth. 5, 37).

Hüten wir uns jedoch vor der Selbstsicherheit, allein die Wahrheit zu besitzen; der Heilige Geist verlangt, ständig zu prüfen, wessen Geistes Kind bin ich? Deshalb gehört es zur Besonnenheit, mit denen im Dialog zu bleiben, die unsere Auffassung noch nicht teilen können. Es gehört zum festen Bestandteil des Umgangs miteinander als Christen, von jeder Personalisierung oder persönlichen Verletzung der Würde anderer abzusehen, wenn wir unsere möglichen Freunde nicht in die Hand der Scharfmacher treiben wollen. Unsere Liebe untereinander braucht die Besonnenheit, damit unsere Argumente hörbar werden und erreichen, was sie wollen: Daß unsere Mitbürger mit uns sagen: Waffen bieten keinen Schutz und keine Sicherheit! Sicherheit wächst durch Verständigung! Auf dieses Ziel wollen wir hinwirken.

Gehen wir deshalb morgen zur Demonstration im Geist der Kraft, die auf Christus baut, im Geist der Liebe, die sich einmischt und umeinander sorgt, und in Besonnenheit gegenüber allen möglichen Provokationen. Gehen wir im Frieden des Herrn, der höher ist als alle Vernunft.

GEGEN DIE ATOMARE BEDROHUNG GEMEINSAM VORGEHEN!
DEMONSTRATION UND KUNDGEBUNG AM 10.10. IN BONN
FÜR ABRÜSTUNG UND ENTSPANNUNG IN EUROPA!
Veranstalter: Aktion Sühnezeichen/Friedensdienste, Jebensstraße 1, 1000 Berlin 12, Telefon: 030/31 02 61
Aktionsgemeinschaft Dienst für den Frieden, Blücherstraße 14, 5300 Bonn 1, Telefon: 0228/22 95 06
(Verantwortlich für die Koordination)

II

Die Auftaktkundgebungen zur Bonner Friedensdemonstration

Redner- und Kulturprogramm für die fünf Auftaktkundgebungen zur Bonner Friedensdemonstration am 10.10.1981

Beginn: Jeweils ab 8.00 Uhr bis 10.30 Uhr.

Nordbrücke

Willi Piecyk, Jungsozialisten in der SPD.
Mary Caldor, European Nuclear Disarmament/Campaign für Nuclear Disarmament/Russell-Peace-Foundation, Großbritannien.
Helen Caldicott, Ärztin, Australien.
Thomas Martens, Bundeskonferenz der Landesschülervertretungen.
Eva Quistorp, Anstiftung der Frauen zum Frieden.
Zupfgeigenhansel, zwei türkische Folkloregruppen, Hamburger Stadtmusikanten.

Bonn-Beuel

Ike Streart, Verband Deutscher Stundentenschaften.
Toni Liversage, Nej til Atomvapen, Dänemark.
Mechthild Jansen, Demokratische Fraueninitiativen/Frauen in die Bundeswehr? - Wir sagen Nein!.
Alexander Schubart, Bürgerinitiative Startbahn West.
Chor Bremer Zeitgenossen, Jiddische Liedergruppe, Radio Barmbek, zwei türkische Folkloregruppen, Bremer Shanty-Chor »Hard Backbord«, Angie Domdey.

Josefshöhe

Klaus Mannhardt, Deutsche Friedensgesellschaft/Vereinigte Kriegsdienstgegner.
Werner Kindsmüller, Sozialistische Deutsche Jugend - Die Falken.

Werner Stürmann, Sozialistische Deutsche Arbeiter Jugend.
Mike Cooley, Lukas Aerospace, Großbritannien.
Yasar Can, für die in der Bundesrepublik arbeitenden Türken.
Tuvid Dankertsen, Nej til Atomvapen, Norwegen.
Kölner Liederlinge, Dritte Welt Theatergruppe Dinslaken, zwei türkische Folkloregruppen, DGB-Theatergruppe Bielefeld, Falken-Theatergruppe.

Schlachthof

Werner Lutz, Deutsche Jungdemokraten.
Gunnar Matthiesen, Komitee für Frieden, Abrüstung und Zusammenarbeit.
Helmut Gollwitzer, evangelischer Theologieprofessor.
Pierre-Yves de Boissieu, Landwirt aus dem Larzac/Frankreich, für Mouvement pour une Alternative Non Violente/Mouvement pour le Désarmement, la Paix et la Liberté/Mouvement International de la Réconciliation, Parti Socialiste Unifié/Service Civil International, branche française.
Dietrich Kittner, Kulturkooperative Wuppertal,
Fall Out Marching Band London, zwei türkische Folkloregruppen, Perry Friedmann (USA).

Südfriedhof

Roland Vogt, Bundesverband Bürgerinitiativen Umweltschutz.
William Arkins, USA.
Emil Carlebach, Vereinigung der Verfolgten des Naziregimes – Bund der Antifaschisten.
Dorothee Sölle, evangelische Theologieprofessorin.
Dirk Dreber, Pressesprecher der Bürgerinitiative Startbahn West.
Panzerknacker, Ulmer Kellerkinder,
Songgruppe der Evangelischen Studentengemeinde Landau,
Rockgruppe Sun, zwei türkische Folkloregruppen.

Toni Liversage *Die Angst in Widerstand verwandeln*

Als ich gestern von Kopenhagen nach Bonn fuhr, mußte ich an den vergangenen Sommer denken, als ich auch auf dem Wege durch Norddeutschland war mit anderen Skandinaviern zusammen, aber damals geschah es zu Fuß. Ich denke hier an den Friedensmarsch, der am 22. Juni in Kopenhagen startete und am 6. August am Hiroshimatag in Paris endete. Für mich war der Friedensmarsch der erste Schritt im Versuch, den Protest gegen den Wahnsinn der nuklearen Aufrüstung international und den Widerstand sichtbar zu machen. Und wenn auch unterwegs, wie es zu erwarten war, viele Probleme entstanden, war es eine wichtige Initiative. Denn es ist sehr wichtig, daß wir anfangen, uns zu treffen quer über die Grenzen hinweg, so wie wir es auch heute in Bonn tun.

Ich selbst ging bis nach Bremen mit, und ich werde nie diese Woche auf den deutschen Landstraßen vergessen. Für uns aus Skandinavien ist die Bundesrepublik oft ein Land, das man durchfährt auf dem Wege nach dem Süden und der Sonne, aber so war es diesmal nicht. Im Gegenteil: Man kam durch die kleinen Dörfer und wurde oft privat einquartiert. Und man lernte seine neuen Freunde gut kennen, wenn man am Abend zusammen saß und über die Dinge sprach, die uns alle so beängstigen, und man wurde sich darüber klar, daß wenn wir auch vielleicht verschieden sind, können wir doch über eine Sache einig sein – daß wir es nicht länger ruhig hinnehmen wollen, daß man über unsere Köpfe hinweg handelt, daß Beschlüsse von so weitreichender Bedeutung für uns, für unsere Kinder, für kommende Generationen getroffen werden, daß die Spirale der Atomaufrüstung bloß fortgesetzt und fortgesetzt wird.

Ich glaube nicht, daß ich übertreibe, wenn ich sage, daß wir nie in der Weltgeschichte vor einem so schicksalsschweren Jahrzehnt gestanden haben wie jetzt. Und ich kann nur zwei Möglichkeiten sehen. Entweder die jetzige Tendenz setzt sich fort, das Wettrüsten eskaliert, was nur zu einem Resultat führen kann – zu einem dritten Weltkrieg, der unvermeidlich ein Atomkrieg mit Europa als Schlachtfeld werden wird, und wo wir uns überhaupt nicht ein Europa nachher vorstellen können.

Oder es wird uns glücken – das heißt, allen den Menschen, die jeder auf seine Weise versuchen, diese Entwicklungstendenz zu wenden – diesen Kurs zum Abgrund aufzuhalten. Wenn wir die Kräfte betrachten, die wir bekämpfen, kann einem manchmal der Kopf schwindeln aber wir müssen handeln, als ob »es eine Hoffnung und eine Zukunft gäbe«. Wir haben Angst, und das sollen wir nicht leugnen, aber wir dürfen uns nicht durch die Angst passiv machen lassen, sondern im Gegenteil sie in gemeinsames Handeln verwandeln, zusammengehen und gemeinsam unsere Phantasie in Schwung setzen, neue und ungeprüfte Weisen finden, wie wir protestieren können.

Und es eilt. Der NATO-Beschluß wegen der neuen Mittelstreckenraketen wurde bekanntlich am 12. Dezember 1979 getroffen, und ihre Stationierung ist für 1983 geplant. Wir haben jetzt 1981, das heißt, zwei Jahre noch. Aber gleichzeitig haben wir ja gesehen – besonders in England, in der Bundesrepublik und in den kleinen NATO-Ländern – daß der Widerstand gegen diesen Beschluß immer stärker geworden ist. In Dänemark und Norwegen entstanden die neuen Friedensbewegungen als eine Folgeerscheinung des NATO-Beschlusses. In England wurde der Appell für eine europäische Atomabrüstung von der Bertrand Russell Stiftung im April 1980 lanciert, ein Appell, der die beiden Großmächte auffordert, alle Atomwaffen aus dem europäischen Gebiet zu entfernen.

In diesem Kampf für ein atomwaffenfreies Europa ist die Bundesrepublik eines der wichtigsten Länder. Es ist ganz einfach so ausschlaggebend für Europas Zukunft, was hier geschieht, und deshalb ist die Entwicklung und Stärke der Friedensbewegung hier auch von so großer Bedeutung. Deshalb ist diese Demonstration heute in Bonn so wichtig, aber ebenso wichtig ist es ja, was passieren wird, wenn wir alle wieder nach Hause fahren.

In Dänemark haben wir in der Friedensbewegung unter anderem zwei wichtige Aufgaben. Wir müssen versuchen, unsere Regierung dazu zu bringen, ihre Zustimmung zum NATO-Beschluß zu widerrufen. Denn die dänische Regierung ist mitverantwortlich für diesen Beschluß. Und gleichzeitig müssen wir dafür arbeiten und durchsetzen, daß der Norden als eine von einem Traktat gesicherte, atomwaffenfreie Zone anerkannt wird. Das wird ein wichtiger politischer Schritt auf dem Wege zu einem atomwaffenfreien Europa sein.

Und es ist wichtig, daß wir hier imstande sein werden international zu arbeiten. Denn unsere Gegner wissen ja ausgezeichnet, wie man quer über die Grenzen hinweg zusammenarbeitet. Ihnen gegenüber stehen die neuen Friedensbewegungen, die nicht von effektiven Hierarchien geleitet werden, es handelt sich um breite Graswurzelbewegungen. Und wir müssen zeigen, daß es möglich ist, zusammenzuarbeiten und unseren Widerstand zu koordinieren, so daß er so umfassend und stark wird, daß er auf allen Stufen durchschlägt, nicht abzuweisen ist.

Ich glaube, das ist zu erreichen, das ist die Hoffnung, die wir haben. Verwandeln wir unsere Angst in kollektiven Widerstand. Verrichten wir die Arbeit noch intensiver als bisher – nach der heutigen Demonstration. Ob sich die Entwicklung zur Katastrophe fortsetzen soll – oder zu einer atomwaffenfreien Welt – hängt unter anderem von uns ab.

Klaus Mannhardt
Frieden schaffen ohne Waffen

Liebe Freundinnen und Freunde, Kolleginnen und Kollegen –, wir sind hier in Bonn heute zu hunderttausenden zusammengekommen, um gemeinsam unseren Willen zum Widerstand gegen die atomare Bedrohung zu manifestieren. Viele haben in den letzten Wochen und Monaten in zahlreichen und vielfältigen Aktionen in den Städten, aus denen wir kommen, unseren Widerstand gegen neue Atomraketen und Aufrüsterei sichtbar gemacht.

Heute werden wir hier in Bonn diesen Widerstand und Protest für die verantwortlichen Politiker unübersehbar machen! Heute ist Bonn durch den Frieden besetzt.

Als Kriegsdienstgegner und politische Pazifisten haben wir von der DFG-VK uns zum Ziel gesetzt, dafür zu kämpfen, daß alle militärische Gewalt geächtet wird, daß Kriege aus den internationalen Beziehungen verbannt und gewaltfreie Konfliktregelungen durchgesetzt werden. Unsere Perspektive heißt: »Frieden schaffen ohne Waffen«!

Wir wissen, daß es ein langer Weg ist bis zu diesem Ziel. Doch dies kann und darf uns nicht davon abhalten, diesen Weg zu gehen. Heute mehr denn je gilt: Angesichts der ungeheuerlichen atomaren und auch konventionellen Vernichtungsmittel, die auf unserer Erde angehäuft wurden, ist die Sicherung des Friedens zur Existenzfrage der Menschheit geworden. Und diese Friedenssicherung kann heute nur noch durch Abrüstung, durch Entmilitarisierung erreicht werden.

Erstmals in der Geschichte der Menschheit sind die technischen Mittel vorhanden, um alles Leben auf unserem Planet auszulöschen. Mit jedem Tag, an dem das Wettrüsten forgesetzt wird, wächst die Gefahr eines atomaren Holocaust. Doch statt dieser Gefahren entgegenzuwirken, ertönt der Ruf nach noch mehr Waffen. Statt alles zu tun, um dem atomaren Wettrüsten ein Ende zu setzen, wird von der US-Regierung eine neue Atomstrategie beschlossen, sollen neue, noch gefährlichere Massenvernichtungswaffen in die Waffenarsenale der US-Armee Einzug halten. Die Folge: Die Rüstungsspirale wird um eine gefährliche Runde weitergedreht.

Wir müssen uns dieser Entwicklung entgegenstellen, dem Wettrüsten Einhalt gebieten. Wir müssen darum alles tun; damit die Stationierung der neuen Atomraketen in unserem Land und in den anderen Ländern Europas verhindert wird!

An die verantwortlichen Politiker: machen wir in Europa einen Anfang. Zieht sämtliche Atomwaffen aus Europa ab! Europa atomwaffenfrei!

Liebe Freunde, Freundinnen, Kollegen – der Friedensbewegung wird heute von führenden Politikern der Bonner Parteien vorgeworfen, wir seien einseitig und betrieben Anti-Amerikanismus. Wir würden der Propaganda

Moskaus mehr Glauben schenken als dem Friedenswillen der US-Regierung. Wir sind weder einseitig noch anti-amerikanisch. Es geht um die Beseitigung der atomaren Vernichtungspotentiale aus allen Waffenarsenalen.

Jedoch – und das sollten die Regierenden begreifen – sagen wir auch ganz klar und deutlich:

- Wir sind nicht bereit, die gigantischen Aufrüstungsmaßnahmen des Herrn Reagan als friedensfördernde Wohltat für die Menschheit zu betrachten.
- Wir sind nicht mehr bereit, einem Mann wie dem US-Präsidenten, der kaltblütig und gewissenlos den Bau der Neutronenbombe anordnet, auch nur das geringste Vertrauen zu schenken.
- Wir sind nicht bereit, einer Regierung, die von einem solchen Mann angeführt wird, Friedenwillen abzunehmen!
- Und wir sind nicht gewillt, uns und unser Land der US-Strategie des begrenzten Atomkrieges unterzuordnen und als Schlachtfeld für wahnsinnige Blitzkriegs-Vorstellungen des Pentagon zur Verfügung zu stellen.

Liebe Freunde – als Kriegsdienstgegner, als Pazifisten, als Friedenskämpfer sind wir uns bewußt: Die Zukunft unserer und der kommenden Generationen kann nur gesichert werden, wenn alle Anstrengungen unternommen werden, um ein friedliches Zusammenleben der Völker im Geiste der Verständigung durchzusetzen. Jede weitere Militarisierung wird die Hoffnung, dies zu erreichen, ein Stück mehr zunichte machen.

Darum sind wir alle aufgerufen, zu handeln:

- Leisten wir gemeinsam Widerstand gegen jede neue Atomrakete, gegen jedes Atomdepot, gegen jede Abschußrampe, die in unserem Land stationiert werden soll!
- Leisten wir gemeinsam Widerstand gegen jede Politik, die mit unserer Erde so umgeht, als wären wir die letzte Generation, die sie bewohnen muß!
- Kämpfen wir gemeinsam gegen die atomare Bedrohung – Für das Leben!

Werner Stürmann
Arbeit statt Raketen

Bert Brecht schrieb vor 30 Jahren: »Das große Carthago führte drei Kriege. Es war noch mächtig nach dem ersten, noch bewohnbar nach dem zweiten. Es war nicht mehr auffindbar nach dem dritten.«

Wir sind hier, damit wir, unser Land, unser Planet auffindbar bleiben. Wir lassen uns unser Schicksal nicht von US-Imperialismus und Reagan-Administration aufzwingen. Wir treten allen Kriegstreibern, Friedensstörern und Militaristen im eigenen Land entgegen. Uns eint eine Forderung: Keine neuen US-Atomraketen in unser Land! Stoppt die Neutronenbombe! Weg mit dem NATO-Beschluß!

Egon Bahr sagte vor wenigen Tagen: »Der Doppelbeschluß (trennt) ... Partei und Regierung von der Friedensbewegung!« Das ist es eben. Und wenn Schmidt sich beschwert, diese Demonstration sei gegen die Bundesregierung gerichtet, dann antworten wir: Sie ist gegen eine Politik gerichtet, die unser Land den USA als atomare Abschußrampe überläßt. Es liegt an der Bundesregierung eine Umkehr herbeizuführen, nicht nur Friedensliebe zu beteuern, sondern Friedenspolitik zu machen. Es liegt an ihr, den Mehrheitswillen unseres Volkes, der auf dieser Demonstration zum Ausdruck kommt, endlich zu respektieren. Der Frieden ist unsere Sache – er kommt eben nicht von oben, und erst recht nicht aus dem Weißen Haus oder dem Kanzlerbungalow. Deshalb sind wir auf der Straße.

Das ist unsere Verantwortung für unsere Zukunft: Wir wollen Arbeit und Lehrstellen, und menschenwürdige dazu! Deswegen: Arbeit statt Raketen! Wir brauchen Arbeitsplätze statt Kriegsschauplätze! Wir wollen eine Schule, die uns nützt und Spaß bringt! Deswegen: Bildung statt Bomben! Wir wollen Platz zum Leben, Wohnungen und Jugendzentren! Deswegen: Besser leere Häuser besetzen als fremde Länder!

Wir sind also einseitig? Ja, natürlich! Einseitig für den Frieden und für Abrüstung und gegen die, die das Wettrüsten anheizen. Denn zwischen Leben und Tod gibt es keinen Kompromiß. Für die mehr als 50 Millionen Toten des Zweiten Weltkrieges gab es diesen Kompromiß nicht, nicht für die 20 Millionen Sowjetbürger, die durch die Hitler-Armeen ermordet wurden. Die Toten mahnen uns: Nie wieder darf von deutschem Boden ein Krieg ausgehen! Und: Unserem Volk nutzen gute, freundschaftliche Beziehungen zur Sowjetunion. Deshalb begrüßen wir den Besuch von Leonid Breschnew in der Bundesrepublik.

Mag man uns, mag man der Friedensbewegung noch so häufig vorwerfen, Moskaus Politik zu betreiben, so lassen wir uns nicht ins Bockshorn jagen. Aus der Sowjetunion hören wir ständig neue Vorschläge für Abrüstung. Es wäre gut für unser Land, wenn sie endlich einmal ernsthaft geprüft und angenommen würden.

Wir sind anti-amerikanisch? Nein, die farbige Bürgerrechtskämpferin und Kommunistin Angela Davis aus den USA hat beim Festival der Jugend in Dortmund vor 210 000 Jugendlichen gesagt: »Ronald Reagan ... ist nicht der Vertreter der arbeitenden Frauen und Männer in unserem Land, und nicht der Massen der Jugendlichen und Studenten... Wir sind das andere, das wahre Amerika!«

Für den Frieden zu kämpfen – darauf hat keiner ein Monopol. Der Friedenskampf ist gemeinsame Verpflichtung für Sozialdemokraten und Kommunisten, Grüne, Liberale und Parteilose, Christen und Atheisten. Wir junge Sozialisten und Kommunisten engagieren uns in diesem gemeinsamen Kampf ohne wenn und aber, ohne Hintergedanken, aus eigenem Entschluß und eigener Erfahrung, aus den Erkenntnissen des Marxismus, aus den Traditionen der deutschen Arbeiterbewegung und aus dem Interesse der arbeitenden Menschen, die mit den Rüstungsprofiten nichts gemein haben.

Wir haben sicher viel zu diskutieren, aber wir wissen auch, was uns eint: der Kampf gegen die Atomraketen, für unser Überleben! Jede Initiative hat hier ihren Platz: der Krefelder Appell, den über anderthalb Millionen unterschrieben haben, der die breiteste Plattform für die aktuellste Aufgabe bietet, der Aufruf des DGB-Bundesvorstandes »Frieden durch Abrüstung«, die Bielefelder Erklärung der Sozialdemokraten, viele andere Initiativen.

Wir sind bereits sehr stark. In Bonn ist man nervös geworden. Und der 10. 10. zeigt: Bonn ist jetzt in jeder Hinsicht zu klein für uns. Aber wir müssen den Erfolg der Zusammenarbeit und Größe dieser Demonstration nutzen und fortführen, um noch viel stärker zu werden, um unsere Gemeinsamkeiten zu vertiefen.

Gegen die Stationierung neuer Atomraketen wollen wir alle Kraft, alle Gedanken, alle Phantasie aufbringen. Jede Schule, jeder Betrieb, jede Uni muß eine Bastion des Friedenskampfes werden. Deshalb schwören wir: Wir werden keine Anstrengungen, keine Opfer scheuen, um die Stationierung der Atomraketen in unserem Land zu verhindern.

Wir haben Angst vor Krieg und Atomtod. Wir haben keine Angst mehr vor Euch da oben. Ihr mögt uns drohen, diffamieren oder mit Antikommunismus spalten wollen. Ihr mögt tun und lassen, was immer Eucht gefällt. Auch wenn es manchmal schwerfällt – uns bekommt Ihr nicht mehr klein! Wir sind aufgestanden! Unsere Losung lautet: Wer sich nicht wehrt, lebt verkehrt! Weg mit den Atomraketen!

WEHRT EUCH
BEDROHT UNS ALLE
IN EUROPA
NECKERMANN +REISEN

ABRÜSTUNG
TOM Raketen
stoppen
PERSHING

Bevor wir
PINOCCHIO

Tuvid Dankertsen
Zusammen sind wir stark

Friedensfreunde! Diesen Sommer nahm ich mit vielen Anderen von Skandinavien am Friedensmarsch von Kopenhagen nach Paris teil. Ich ging nicht den ganzen Weg, aber in diesem Abschnitt an dem ich teilnahm, traf ich Leute aus der Bundesrepublik, Belgien, Holland, Frankreich, England. Alle mit der innersten Hoffnung und tiefem Glauben erfüllt, daß es möglich sei, diese wahnsinnigen Atomrüstungen zu stoppen.

Der Friedensmarsch war nur eine der Initiativen im Kampf - Kampf des Volkes - für ein atomwaffenfreies Europa. Diese Demonstration heute in Bonn ist ein anderes Beispiel des Einsatzes des Volkes in dieser Sache. Und wir wissen, daß viele, viele Demonstrationen in der nahen Zukunft folgen werden, und daß viele und viele aktiv werden.

Warum werden wir aktiv? Wir haben das Gefühl, daß unsere Lebenssituation in Gefahr ist. Daß die Lebenssituation der Menschheit gefährdet ist. Wir wissen, daß man die wahnsinnige Aufrüstung der letzten zehn Jahre - des Abrüstungsjahrzehnts der Vereinten Nationen - nicht fortsetzen kann, wenn die Menschheit bestehen soll. Wir werden es nicht länger hinnehmen, daß Aufrüstung Abrüstung ist.

Wir haben kein Vertrauen mehr, daß die Supermächte die Fragen von Frieden und Abrüstung alleine lösen können. Sie müssen Hilfe haben, die Hilfe der europäischen Völker. Es geht um uns. Es ist Europa, daß eventuell zu einem Schlachtfeld in einem Krieg zwischen den Supermächten wird.

Und Europa umfaßt selbstverständlich auch Norwegen und Skandinavien. Viele meinen und möchten es so darstellen, als ob Skandinavien in seiner eigenen isolierten Welt leben möchte, frei von Atomwaffen und ohne Bekümmernis für das, was in Mitteleuropa vor sich geht. Das ist natürlich nicht der Fall.

Da ich Norwegen hier repräsentiere, will ich etwas sagen, was Norwegen betrifft. In Norwegen interessieren wir uns für das, was in ganz Europa sich zuträgt, und wir solidarisieren uns mit all der Arbeit gegen Atomaufrüstung.

Die Organisation, die ich hier repräsentiere, trägt den Namen »Nein zu den Atomwaffen«. Sie ist eine querpolitische und parteipolitisch neutrale Aktion, die jetzt auf dem Wege ist zu einer Volksbewegung zu wachsen. Hier sind alle Schichten der Bevölkerung als individuelle Personen repräsentiert - Gewerkschafter, Pazifisten, Christen, Politiker usw. - alle, die gegen Atomwaffen kämpfen wollen. Die Aktion nimmt keine Stellung zur Blockpolitik, zur Mitgliederschaft in der NATO, oder ob Norwegen militärische Verteidigung haben soll. Norwegen hat keine Atomwaffen auf seinem Boden in der Friedenszeit, aber im Kriegsfall können wir sie bekommen. Unsere Aktion kämpft dafür, daß auch im Kriegsfall Norwegen frei von Atomwaffen bleibt. Wir wünschen es nicht, mit Atomwaffen verteidigt zu werden.

Die Aktion tritt für einen Abbau von Atomwaffen in Ost und West ein. Daß keine neuen Atomwaffen in Westeuropa gelagert werden, und daß die Sowjetunion eine starke Reduzierung ihrer SS-20-Raketen vornehmen soll. Das Endziel ist selbstverständlich ein Europa frei von Atomwaffen.

Die Aktion kämpft für eine atomwaffenfreie Zone in den nordischen Ländern. Das bedeutet nicht, daß wir hier Halt machen, und glauben, daß damit alles errungen ist. Eine atomwaffenfreie Zone in den nordischen Ländern ist nur ein Glied im Kampf für ein umfassendes Abkommen über ein atomwaffenfreies Europa. Wir glauben, daß eine atomwaffenfreie Zone im Norden ein Ausgangspunkt für die weitere Arbeit sein kann.

Und wir haben eine starke Stütze im Volke. 70 Prozent des norwegischen Volkes ist gegen die Lagerung von neuen Atomwaffen in Europa. 90 Prozent der Anhänger der Norwegischen Arbeiterpartei, der größten Partei Norwegens (die Bruderpartei der SPD) sind gegen eine solche Lagerung.

Liebe Friedensfreunde! Erlaubt mir der Freude Ausdruck zu geben – auch im Namen der Aktion »Nein zu den Atomwaffen« –, die ich empfinde, daß ich heute und hier Zeuge bin, daß so viele sich unserer Sache anschließen. Es ist wichtig zusammen zu stehen, und es ist wichtig starke Kontakte und Zusammenarbeit über die Landesgrenzen zu haben. Sie sollte man erweitern und verstärken. Zusammen sind wir stark – und zusammen werden wir siegen. Für ein atomwaffenfreies Europa in Ost und West.

Werner Lutz
Die Zeichen der Zeit erkennen

Seit der »Kampf dem Atomtod«-Bewegung vor über 20 Jahren gab es keine öffentliche Debatte mehr über die Grundlagen unserer Sicherheitspolitik - und erst recht nicht eine so breite Kritik der atomaren Aufrüstung wie heute.

Wir haben Angst: Angst vor der atomaren Bedrohung, die ständig größer wird! Es sei wohl Mode geworden, sich zur Angst zu bekennen, meinte neulich der Kanzler - für meinen Geschmack ist dies zynisch.

Wieder will man uns weismachen, daß man diese Aufrüstung brauche, um das Gleichgewicht des Schreckens aufrechtzuerhalten - wobei wir alle wissen, daß auch dieses Gleichgewicht nur auf dem Prinzip der Angst beruht.

Wir, die wir uns hier versammelt haben, bekennen uns zur Angst, weil wir das Vertrauen darin verloren haben, daß die Politiker die atomare Bedrohung verringern werden. Seit Jahren dreht sich die Rüstungsspirale immer schneller. Verträge über Rüstungskontrolle haben nichts mit Abrüstung zu tun, sie legen bloß die Höhe der Aufrüstung fest. Auch dies dauert bereits Jahre - und wenn ein Abschluß erreicht ist wie bei SALT II, weigern sich die Amerikaner, zu ratifizieren.

Und doch - und dieses sage ich nicht zuletzt an die Adresse der Politiker: Unsere Angst ist nicht resignativ! Die 250 000, die heute nach Bonn gekommen sind, haben ihre Zukunft nicht aufgegeben. Wir wollen überleben, deshalb demonstrieren wir hier, für eine wirkliche Friedenspolitik. Für Abrüstung in Ost und West. Gegen die Neutronenbombe. Gegen den NATO-Nachrüstungsbeschluß, der in Wirklichkeit ein einseitiger Aufrüstungsbeschluß ist.

FDP-Bundestagsabgeordnete werden auf dieser Demonstration fehlen. Ich bedaure dies. Zumal Liberale, die Geschichte und Anspruch der FDP ernst nehmen, heute und hier mitdemonstreieren müßten.

Die FDP kritisierte im Jahre 1958 die atomare Aufrüstung. Die FDP Thomas Dehlers kämpfte für eine atomwaffenfreie Zone in Europa. Wir führen heute alte Plakate der FDP von damals mit, weil diese für viele FDP-Mitglieder noch heute Gültigkeit haben: »Täuscht Euch nicht: Das Atomexperiment der Bundesregierung bedroht uns alle tödlich!«

Bei der FDP im Jahre '81 ist von dieser liberalen Tradition wenig erkennbar. Die Parteiführung übt Druck auf ihre Mitglieder aus - William Borm als Mitglied des FDP-Vorstandes wird trotzdem nachher im Hofgarten sprechen! Verheugen sagt, die Friedensdemonstration ziele ins Herz der sozialliberalen Koalition. Richtig ist, Parteifreund Verheugen: Wenn wir Liberale heute auf die Straße gehen, dann auch, weil wir die Politik einklagen, die SPD und FDP 1969 versprochen haben. wir sagen: Ohne eine Friedenspolitik, die

die Ängste der Bürger ersntnimmt, die von Abrüstung nicht nur redet, sondern auf sie hinarbeitet, wird diese Koalition unglaubwürdig, ja überflüssig.

Was treiben die Kollegen im Bundestag denn? Gestern haben wir das Schauspiel wieder erlebt. Die Opposition sind nicht die Herren Kohl oder Zimmermann. Die Opposition sitzt mal wieder draußen: In den Herzen und Köpfen der Menschen, die heute hier sind.

Und selbst in den Regierungsparteien existiert diese Opposition - und zwar mehr als das den Parteiführern von FDP und auch SPD lieb ist: Die Parteibasis spielt nicht mehr mit. Sie hat - bei der SPD ebenso wie bei den Liberalen - das Gefühl, verschaukelt zu werden. Die 38 Prozent auf dem Kölner Parteitag der FDP im Mai, die sich trotz Rücktrittsdrohung Genschers einer Stationierung atomarer Mittelstreckensysteme auf deutschem Boden widersetzten, sind erst der Anfang. Wir werden immer mehr, auch in der FDP.

Noch geben wir die Hoffnung nicht auf, daß auch diese Bundesregierung die Zeichen der Zeit erkennt, daß sie sich als lernfähig erweist: daß sie das Friedenspotential im Land nutzt, um gegenüber den USA auch eigene Interessen zu vertreten. Wir sind keine Knetmasse der Reagan-Administration! Es hat nichts mit Anti-Amerikanismus zu tun, wenn wir es ablehnen, das Schlachtfeld eines dritten Weltkrieges zu sein. Wir haben in den USA gute Freunde, deren Friedenskampf in die gleiche Richtung geht wie der unsere.

Liebe Freunde, machen wir weiter! Mischen wir uns ein! Machen wir Druck! Ich bin sicher: Wir werden von Tag zu Tag stärker. Ich danke Euch.

Helmut Gollwitzer
Wir kümmern uns selbst um unsere Sicherheit

Wir rücken ihnen jetzt auf den Leib, hier in Bonn. Wir lassen sie nicht mehr alleine machen, nach ihrem alten bequemen Demokratieverständnis: Alle vier Jahre wählen die Bürger, wer regieren und wer opponieren soll, und dann legen wir uns schlafen, eingelullt von den Journalisten in den Massenmedien, die sich willig gleichgeschaltet haben und auch uns nun gleichschalten wollen mit der Großen Koalition der Sicherheitspolitik durch ihre Schlaflieder:

1. »Die da oben wissen's besser!«

2. »Die da oben haben alles fest im Griff!« Mit dem Refrain: »Schlaft ruhig weiter, es kann nichts passieren! – Zahlt ruhig weiter, die Bomben werden nie explodieren!«

Jetzt kommt eine neue, eine echte Weise von Demokratie: Wir kümmern uns selbst um unsere Sicherheit, wir informieren uns selbst, wir urteilen selbst, und wir mischen uns ein. Das erfordert freilich schwere Arbeit von uns allen: Nicht nur emotional »Atom pfui!« zu schreien, sondern uns sachkundig zu machen, damit wir von keiner Rüstungspropaganda mehr eingewickelt werden können. Demokratie heißt nicht: Vertrauen zur Obrigkeit, sondern: Mißtrauische Kontrolle der Politiker durch die Bürger, heute erst recht. Denn heute ist am Tage, daß die Leute an der Macht in West und Ost samt ihren Experten die Menschheit an den Rand des Untergangs haben geraten lassen. Allein der Aufschrei der Völker kann das noch ändern – allein unsere Weigerung, das schwachsinnige Weitermachen auf dem Wege der Zerstörung der Erde und der Erhöhung der Kriegsgefahr weiter mitzumachen – allein unsere Entschlossenheit, das weitere Aufrüsten, angeblich um abzurüsten, zu verhindern.

Denn wir sind hier nicht eine der häufigen Protestdemonstrationen gegen alles mögliche Unrecht auf Erden, auch nicht gegen den Blödsinn der sowjetischen Rüstung. Wir sind eine Verhinderungsdemonstration. Wir demonstrieren mit dem konkreten Zweck, die Mittelstufenraketen auf unserem Boden zu verhindern und dadurch eine Entwicklung in Gang zu bringen, die unseren Politikern hilft, endlich den Absprung von der Talfahrt in den Untergang zu finden.

Eine neue Qualität von Demokratie, für die der heutige Tag ein historisches Datum ist. Jahrelang demonstrierten wir gegen den Rüstungswahnsinn; die Leute am Straßenrand schauten gleichgültig zu, und wir stöhnten mit dem alten Spruch aus der Arbeiterbewegung: »Der Feind, den wir am meisten hassen – das ist der Unverstand der Massen.« Jetzt wachen die Menschen bei uns und in Europa auf aus dem Unverstand, in dem sie künstlich gehalten werden. Jetzt wird das Volk störrisch und erkennt, daß der Friede zu wichtig ist, als daß man ihn den Politikern überlassen dürfte. Jetzt lassen wir uns nicht mehr auseinanderdividieren in Sozialdemokraten, Konservative, Liberale, Grüne, Christen und Kommunisten; denn der Atomtod bedroht uns alle. Jetzt lassen wir uns auch nicht mehr durch Russenangst gegen die Russen aufhetzen.

Denn unser Auftrag an die Politiker wird jetzt genauer formuliert. Sie tun, als laute unser Auftrag an sie nur: »Sichert uns gegen die Russen!« Unser Auftrag aber lautet: »Sichert uns und unsere Kinder gegen das Unbewohnbarwerden der Erde – gegen den Welthunger, der die Satten mit den Hungrigen zugrunde gehen lassen wird – gegen das unerträgliche Risiko der atomaren Vernichtung, das eure sogenannte Sicherheitspolitik uns zumutet!«

Das alles aber geht nicht mit Rüstung gegen die Russen, sondern nur zusammen mit den Russen. Nur gemeinsam können die westlichen Völker mit den östlichen und die östlichen mit den westlichen der Menschheit die Zukunft wiedergewinnen, die schon fast verloren ist. Die Rüstung gegeneinander sichert uns nicht das Leben, sie bringt uns den Tod, ob sie nun explodiert oder nicht.

Die Christen unter uns könnten das alles längst wissen: aus dem Evangelium. Politik von Christen – das kann doch nur eine solche Politik sein, die alles daransetzt, diejenigen, die sich jetzt feindlich gegenüberstehen, zur gemeinsamen Arbeit für das Leben zu gewinnen. Wir fragen alle Christen in unserem Lande, ob sie heute anderswo stehen können als bei dieser Friedensbewegung, bei der Bewegung für das Leben gegen die Todesrüstung.

»Friedensbewegung« – eine solche Selbstbezeichnung sei eine Anmaßung, ruft man uns zu; denn unbestreitbar wollen sie doch alle den Frieden, die Aufrüster ebenso wie wir. Aber Helmut Schmidt hat vor der Bundestagswahl vor einem Jahr sehr richtig gesagt: »Es reicht nicht, daß einer friedenswillig ist. Es kommt darauf an, daß er friedensfähig ist.« Friedensfähig aber ist nur, wer abrüstungsfähig ist. Daß sie abrüstungsfähig werden, das müssen jetzt die Völker ihren Politikern beibringen durch konsequente Rüstungsverweigerung und Rüstungsverhinderung.

Oster-
Kampf
dem
Atomtod

Dorothee Sölle
Einseitig für das Leben

Der Atomtod bedroht nicht nur die, die sich fürchten, sondern auch die, die glauben, mit dem Atomtod an der Hand sicherer zu sein. Aufrüstung tötet auch ohne Krieg. Wenn ein Fluß umkippt, so bedeutet das: die Giftmenge, die ein Lebenszusammenhang noch erträgt, wird zuviel, die Zerstörung nimmt überhand, die Fische sterben, die Pflanzen folgen ihnen, das Wasser stinkt. Wenn ein Fluß umkippt, ist es eigentlich kein Fluß mehr, sondern eine Müllkippe. Und wenn ein Land umkippt? Wenn die Schad- und Giftstoffe so überhand nehmen, daß das Leben erstickt wird, daß die Menschen an der Möglichkeit, hier zu leben, verzweifeln, wenn sie sich nach Auswanderung umsehen oder sich selbst kaputt machen, wenn sie wie Fische in der stinkenden Brühe herumtreiben –? Wenn ein Fluß ökologisch verschmutzt ist, kippt er um. Wenn ein Land militärisch verschmutzt ist und sich zu Tode rüstet, dann kippt das Land um. Genau das erleben wir.

Stellt Euch vor, der Friede bräche aus. Nicht der Friede der Gewalttätigen, die die Megatonnen im voraus berechnen, nicht der Friede der steigenden Dividende für Rüstungsaktien, nicht der Friede der Berufsverbote für Menschen, die ein Verteidigungsrisiko darstellen (und das tun wir doch alle!), nicht der Friede, der die Armen verkommen läßt und in der Türkei für Folterungen sorgt. Ich meine nicht die Friedlosigkeit, die in unserem Land herrscht.

Stellt Euch vor, das Volk erklärt der Regierung den Frieden, was das ist: Frieden, und die Regierung versteht es endlich und erklärt es den Amerikanern. Wir verzichten auf Euren Schutz. Wir treten aus dem Bündnis aus. Wir wollen uns nicht von Euch zu Tode rüsten lassen. Die Hälfte des Geldes, das wir für die Vorbereitung des Holocaust ausgeben, werden wir für die Probleme in unserem Land brauchen, für Wohnraum und Gesundheit und Schulen, für all die Ausländer, die bei uns nichts lernen dürfen. Die andere Hälfte geben wir für friedliche Projekte in der Dritten Welt aus, die die Ursachen des Verhungerns bekämpfen. Der Waffenhandel wird ab sofort verboten, die damit befaßten Firmen werden behandelt als das, was sie sind: Verbrecher.

Stellt Euch vor, der Frieden bräche aus. Wir im Herzen Europas wären wehrlos. Wir würden nicht mehr Krieg üben, Krieg lernen, Krieg spielen und Krieg mit unseren Steuern bezahlen. Wir stellten keinerlei Bedrohung für unsere Nachbarn dar. Niemand – nicht einmal das Neue Deutschland – könnte uns Aggressivität, Friedlosigkeit, Vorbereitung eines Angriffskrieges und Erstschlagwünsche unterstellen. Wir wären zum erstenmal in der Geschichte unseres Landes frei, nämlich frei vom Wunsch zu töten, zu vergelten oder vorsorglich zu töten. Wir hätten die Sklaverei, unter der die Menschheit bis heute lebt, abgeschafft. Die Kriegssklaverei und die Atomsklaverei. Und stellt Euch die wirkliche Freiheit vor: niemanden mehr zu bedrohen und zu

SOFORTIGE AUFNAHME VON
ABRÜSTUNGSVERHANDLUNGEN
SPATEN
Feinkost

übervorteilen, zu belügen und zu erpressen. Freiheit von dem Zwang, ein Verbrechen vorzubereiten, das in der bisherigen Geschichte der Menschheit noch nicht vorgekommen ist, die atomare Vernichtung allen Lebens. Freiwerden von der Vorbereitung auf Mord und Selbstmord.

Stellt Euch vor, wir wären wehrlos. Wir lebten in einem friedlichen Lande. Würden wir überfallen werden? Wären wir ein Vacuum, das den aggressiven Feind magnetisch anzieht? Auf diese Frage kann niemand mit Sicherheit antworten. Ich halte es nicht für wahrscheinlich, daß die Sowjetunion ein solches Deutschland überfiele, aber da ist ein Restrisiko und eine Restangst, die wir niemandem wegreden können. Die Frage ist nur, ob dieses Risiko und diese Angst nicht beträchtlich kleiner sind als das, was wir jetzt eingehen. Ob die Vorbereitung auf den Erstschlag, mit dem wir den europäischen Teil der Sowjetunion in vier Minuten in ein Trümmer- und Leichenfeld verwandeln können, ob diese Vorbereitung nicht mehr Risiko und größere Gefahr für uns bedeutet, als der friedliche dritte Weg, den wir suchen.

Stellt Euch vor, der Friede bräche aus. Nicht der bewaffnete Gewaltfriede, sondern der gewaltfreie Friede, für den wir hier stehen und um dessentwillen wir keine Gewalt anwenden, weil die Mittel des Kampfes auch das Ziel des Kampfes verformen. Wir können nur gewaltfreie Methoden anwenden, um den Frieden, den wir meinen, vorzubereiten. Wir mißtrauen der Regierung gerade darum, weil sie die gewaltsamste Methode der Weltgeschichte, die Massenvernichtung anwenden will, um den Frieden zu sichern. Ihre Methode: aufrüsten widerspricht ihrem Ziel: abrüsten. Ihre Methode: Gewalt, Atomgewalt widerspricht ihrem Wunsch: Sicherheit. Wir wollen die Ziele und die Methoden unseres Lebens zusammenhalten.

Stellt Euch vor, wir könnten der Regierung ganz klar machen, warum wir hierher gekommen sind. Wir könnten ihr unsere Vision mitteilen, unseren Traum. Wir könnten die verzweifelten Aufrüster daran erinnern, was sie wirklich wollen, und wir könnten die zynischen Aufrüster so entlarven, daß jeder Mensch sieht, was ihre Interessen sind. Was ist denn der Unterschied zwischen Ost und West? Es ist nicht der zwischen SS-20 und Pershing II, laßt Euch nicht für dumm verkaufen! Der reale Unterschied zwischen Ost und West, das sind wir, die Friedensbewegung, die Tatsache, daß im Osten aufgerüstet wird, ohne daß das Volk seine Stimme erheben kann.

Stellt Euch vor, der Geist der Wehrlosigkeit, der Verwundbarkeit käme deutlich zutage, so daß unser Traum wirklich wird: Befreiung aus der Sklaverei, Verbannung der Sklavenhändler, die größte historische Aufgabe der Menschen auf diesem Planeten am Ende des 20. Jahrhunderts. Vielleicht würden wir dabei etwas ärmer, ich glaube die meisten von uns würden diesen Preis bezahlen wollen. Vielleicht müssen wir für diesen Frieden, von dem wir träumen, noch etwas mehr tun, als nach Bonn zu fahren. Vielleicht müssen wir das Neinsagen üben, die großen und die vielen kleinen Verweigerungen, im Krankenhaus, in der Kaserne, im Betrieb, in der Schule. Wir haben eine ganz einseitige Auffassung, einseitig gegen die Massenvernichtungsmittel, die man so wenig Waffen nennen kann wie das Gas, das Hitler in Auschwitz verwenden ließ, eine »Waffe« war.

III

Die Hauptkundgebung im Bonner Hofgarten

Programm der Hauptkundgebung zur Bonner Friedensdemonstration am 10. 10. 1981 im Hofgarten

Beginn der Veranstaltung: 13.00 Uhr.

Redner

Heinrich Albertz, evangelischer Pastor.
Alfred Mechtersheimer, Friedensforscher.
Greetje Witte-Rang, Interkirchlicher Friedensrat, Niederlande.
Randall Forsberg, Nuclear Freeze Campaign, USA.
Nino Pasti, General a.D., war zuletzt Stellvertreter des Oberkommandierenden der NATO-Streitkräfte in Europa.
Coretta King.
Georg Benz, Gewerkschafter.
Martin Niemöller, evangelischer Pastor.
Erhard Eppler.
William Borm.
Thomas Heubeck.
Robert Jungk, Zukunftsforscher.
Helmut Ridder, Deutsch-Polnische Gesellschaft.
Petra Kelly.
Gert Bastian, General a.D..
Uta Ranke-Heinemann, Professorin der katholischen Theologie.
Heinrich Böll, Schriftsteller.

Musik/Moderation

Harry Belafonte, USA.
Gabi Scherle, Aktion Sühnezeichen/Friedensdienste.
Chor Kölner Gewerkschafter.
Angie Domday, Hamburger »Schneewittchen«.
Perry Friedmann, USA.
Moderation: Volkmar Deile, Pfarrer und Geschäftsführer der Aktion Sühnezeichen/Friedensdienste.
Ende der Veranstaltung: 17.30 Uhr.

Kulturelles Vorprogramm

Im kulturellen Vorprogramm ab 11.00 Uhr:
Bander Tepanni, El Salvador.
Hannes Wader.
Fasia Jansen mit 20 Frauen vom Friedensmarsch Kopenhagen–Paris.
Franz-Josef Degenhardt.
Bots, Niederlande.
Otmar Leist.

Heinrich Albertz
Wir wollen wissen, was kommt

Liebe Freunde – ja, das war damals noch ein Traum, vor einem Jahr in Gießen – 100 000 in Bonn. Aber nun sind wir hier, wir alle, die meisten von Euch die Nacht gefahren und in der Nacht wieder zurück. Nun aber ist es Tag, ich hoffe, ein Tag der Wahrheit und der Hoffnung und des friedlichen Kampfes. Warum sind wir hier? Warum geht diese Welle durch unser Land, immer stärker und unübersehbarer und nun durch die Nervosität der Mächtigen heute als eine Kundgebung des Friedens, an der niemand mehr vorbeikann? Warum geriet der Kirchentag in Hamburg gegen alle Ängstlichkeit zum massierten Widerstand gegen die Vernichtung unseres Landes und womöglich der ganzen Welt?

Zuerst aus einem sehr einfachen Grunde, sozusagen aus einem demokratischen Grundprinzip. Wir wollen wissen, was ist, und wir wollen wissen, was kommt. Und: wir wollen nicht über unsere Köpfe hinweg unser Schicksal und das unserer Kinder und Enkel entscheiden lassen. Ist dies falsch? Muß man deswegen in den politischen Quartieren von Bonn aufgeregt sein? Natürlich: wir haben ein demokratisch gewähltes Parlament, eine aus diesem Parlament korrekt hervorgegangene Regierung. Aber wenn in diesem Parlament Abgeordnete, die unsere Ängste, unsere Fragen, unsere Hoffnungen vorzutragen wünschen, nicht mehr zu Worte kommen, dann müssen wir reden, hier auf diesem Platze, öffentlich, laut. Das ist nicht nur unser von der Verfassung geschütztes Recht, sondern unsere Pflicht. Ich bin äußerst erstaunt, wieviel Unruhe das ausgelöst hat. Diese Art von Unruhe zeugt nicht von der sicheren Überlegenheit derer, die uns zu vertreten haben.

Wir wollen wissen, was ist und was kommt. Nach mir werden andere Freunde davon im einzelnen reden. Ich stelle nur die Fragen: Ist es richtig, daß Krieg heute in Europa die Vernichtung unseres Landes und allen Lebens bedeutet? Ist es richtig, daß also Verteidigung nur um den Preis der Zerstörung alles dessen, was wir gerade aufgebaut haben, möglich ist? Ist es richtig, daß es demnach für das, was man bisher die Zivilbevölkerung nannte, keinen Schutz, ja nicht einmal ärztliche Hilfe gibt? Ist es richtig, daß kein Deutscher im Ernstfall mit zu entscheiden hat, ob und wann und welche atomare Waffen eingesetzt werden? Wenn dies alles richtig ist, und ich fürchte, niemand wird das Gegenteil beweisen können, was bedeutet dann die Sicherheit, die die Supermächte der Bundesrepublik Deutschland und der DDR anzubieten haben? Ja, ich rede ausdrücklich und natürlich auch von der anderen Seite. Denn in keinem Land der Welt bedeutet Krieg zugleich die Zumutung, daß ein Teil des Volkes, zu dem wir doch angeblich noch alle gehören, den jeweils anderen als erstes Opfer umbringen soll. Diese Fragen sind zu stellen.

Diese Fragen blieben bisher unbeantwortet. Wir werden nicht Ruhe geben, bis sie beantwortet sind.

Zweitens: Wir sind hier, um denen, die unmittelbare politische Verantwortung tragen, ihr Gewissen zu schärfen, daß sie, wie es in ihrem Amtseid heißt, Schaden vom deutschen Volke abzuwenden haben. Ich unterstelle niemand, daß sie dies nicht versuchen. Aber ich frage, ob nach allem, was seit den letzten Jahren geschehen ist – der NATO-Doppelbeschluß, die Entscheidung für die Neutronenbombe und die entsprechenden Entscheidungen der Sowjetunion –, sich die Interessen der Vereinigten Staaten und die der Europäer noch decken. Jedermann weiß, daß dies nicht so ist. Jedermann weiß, daß nach dem heutigen Stand der Rüstung und der strategischen Pläne Deutschland in seinen beiden Teilen Schießplatz der Supermächte sein wird. Und dies im Zustand völliger Abhängigkeit, ohne volle Souveränität, ohne Friedensvertrag in einem geteilten Land. Als ich dies in Hamburg den Bundeskanzler öffentlich fragte, löste ich Empörung aus. Nun ist es etwas stiller geworden in dieser Sache. Ein Ausschuß des Bundestages, höre ich, prüft den Deutschlandvertrag und den Truppenvertrag auf diese Frage. Ich bin gespannt, was dabei herauskommt. Ich frage dies alles übrigens als Deutscher, wenn ihr wollt, als deutscher Patriot. Warum sollen wir die nationalen Interessen eigentlich immer der Reaktion überlassen?

Drittens und letztens: Ich stehe hier als einer, der versucht, ein Christ zu sein. Andere haben andere Überzeugungen. Ich achte sie. Ich habe keine Ängste vor einer breiten Front aller Gutwilligen. Aber gerade weil ich mich etwa der »Aktion Sühnezeichen/Friedensdienste« – seit den Tagen ihrer Gründung verbunden fühle, frage ich nun besonders die Kirchen in unserem Lande: Wie lange wollt ihr von Amtswegen das Sowohl-als-Auch noch durchhalten? Die Schaukelformel vom »Friedensdienst mit und ohne Waffen« ist nicht mehr haltbar, wenn unsere Soldaten gezwungen werden sollen, die Waffen der Massenvernichtung und damit eines neuen, unvorstellbaren Holocaust mit zu bedienen. Diese Waffen, das hat das II. Vatikanische Konzil schon vor Jahren festgestellt, sind ein Verbrechen gegen Gott und die Menschen. Wollen wir alle Verbrecher werden? Wollen wir es?

Dies alles sage ich und frage ich, ohne damit irgend jemand stürzen zu wollen. Ich sage und frage es, weil ich denen, die ihre Verantwortung zu tragen haben, helfen will. Es ist mir völlig unbegreiflich, wie man vom Dolchstoß in den Rücken der Regierung, von plattem Anti-Amerikanismus, von Einäugigkeit reden kann. Sind die Damen und Herren taub? Merken sie nicht, welche Stärke sie gewinnen können, wenn sie in ihren Verhandlungen auf uns verweisen: Seht Euch diese Massen an, diese Menschen, vor allem diese jungen Menschen! Wann hat es jemals in Deutschland so etwa gegeben? Die wollen keine fremden Länder mehr besetzen – höchstens mal ein rechtswidrig leerstehendes Haus –, die wollen freilich auch nicht auf ewig in einem besetzten Land leben. Warum nehmen die Mächtigen das nicht an und auf? Sind sie nicht mehr handlungsfähig? Hier brauchte doch nur einer herzukommen und zu sagen: »Ich freue mich über Euch, ich verstehe Euch. Ich bin vielleicht nicht in allem und jedem Eurer Meinung. Aber wir wollen Verbündete sein.«

Keiner der Regierenden kommt. Die über 60 Bundestagsabgeordneten, sie begrüßen wir herzlich. Aber dafür werden sie und der tapfere Erhard Eppler unter einen immer unerträglicheren Druck gesetzt.

Und deshalb wird es bald zu spät sein für die Parteien, die jetzt das große Wort führen.

Nun: Wir jedenfalls sind hier. Und wir werden wiederkommen und weiter reden und fragen und kämpfen - nicht mit Steinen -, aber mit Argumenten und nicht müde werden. Ich danke Euch, daß ihr hier seid. Ich danke Euch, daß wir in einem einzigen Jahr so viele geworden sind. Ich danke Euch sehr.

Heinrich Albertz

ASTA
Jungdemokraten
Wir wollen keine Raketen
Mr. Reagan
LASST DIE RÜSTUNG DOCH VER-
ROSTEN
OSTEN!
Nato-
F.D.P.
am 10.10. nach Bonn!
für ein

Alfred Mechtersheimer
Nein zur Selbstvernichtung

Wer glaubt, dadurch Sicherheit schaffen zu können, daß er die atomare Vernichtung der Menschheit vorbereitet, darf sich nicht wundern, daß die Menschen Angst bekommen und sich auflehnen, wenn sie erfahren, wie mit ihrem Leben umgegangen wird.

In unserem Land breitet sich deshalb Angst aus, weil die Politiker keine Antwort geben können auf die Frage: Was geschieht in Europa, wenn die Abschreckung versagt? Dies ist längst keine hypothetische Frage mehr. Denn die Zeit geht zu Ende, in der die Atomwaffen den amerikanisch-sowjetischen Konflikt gezähmt haben. Jetzt aber werden die Atomwaffen zu militärischen Instrumenten des verschärften Konflikts der beiden Supermächte.

In der Friedensforschung besteht heute fast völlige Übereinstimmung: Es gibt einen alarmierenden Trend, Atomwaffen militärisch einsetzbar zu machen. Der Atomkrieg wird wahrscheinlicher, wenn man meint, ihn auf militärische Ziele und Regionen begrenzen zu können. Das Nein zu der NATO-Nachrüstung ist deshalb ein Nein zu einer Entwicklung, an deren Ende die Selbstvernichtung steht.

Der Hauptgegner der friedenspolitischen Diskussion ist die Ignoranz, diese wachsende Kriegsgefahr zu begreifen. Wer von Antiamerikanismus und Sowjetfreundlichkeit spricht, hat nicht begriffen, daß angesichts der Gefahr der atomaren Vernichtung das innenpolitisch und außenpolitisch Trennende zurücktreten muß.

Um das gemeinsame Übel Hitler zu bekämpfen, hatten die USA und die Sowjetunion eine Zweckkoalition geschaffen. Weshalb bilden sie nicht heute eine Interessengemeinschaft gegen den alles vernichtenden atomaren Holocaust? Weil die Regierungen bislang versagen, bilden die bedrohten Völker selbst eine weltumspannende Interessengemeinschaft für den Frieden.

Die Friedensbewegung in der Bundesrepublik verwahrt sich gegen Streicheleinheiten aus Moskau, solange die aufkeimende Friedensbewegung in Osteuropa und in der DDR behindert wird. Wir sind entschlossen, die Nachrüstung zu verhindern. Aber noch haben zu viele Menschen bei uns Angst vor sowjetischen Raketen. Wenn die ganz neuen amerikanischen Atomwaffen wirklich verhindert werden sollen, muß die sowjetische Führung die Ängste, die ihre Atomrüstung bei uns hervorruft, durch konkrete Maßnahmen abbauen. Wir fordern daher von Breschnew, daß er bei seinem bevorstehenden Besuch hier in Bonn endlich den Schleier der Geheimniskrämerei lüftet und Qualität und Umfang der SS-20-Rüstung offenlegt und deutliche Kürzungen des sowjetischen Mittelstreckenpotentials ankündigt.

Niemand, der den enttäuschenden Verlauf der Rüstungskontrollverhandlungen und die unvereinbaren Positionen in der Mittelstreckenfrage kennt, kann im Ernst von den geplanten Verhandlungen eine Null-Lösung erwarten. Diese ist nur durch die innenpolitische Verweigerung der NATO-Nachrüstung bei gleichzeitigen Beschränkungen der Sowjetunion möglich. Wenn der Bundeskanzler eine auf diese Weise erzwungene Null-Lösung durch einen Rüstungskontrollvertrag absegnen will, dann darf er das gerne tun. Dann würde sich allerdings auch erweisen, daß Helmut Schmidt heute diejenigen bekämpft, die ihn allein vor der Einlösung seiner Rücktrittserklärung bewahren können.

Ein Wort an alle Konservativen und auch an alle Soldaten in der Bundeswehr. Die Friedensbewegung ist vor allem eine Bewegung der Argumente und unbeantworteten Fragen. Sagt uns bitte: Wie wollt ihr mit Atomwaffen unser Land verteidigen? Würdet ihr kämpfen, ihr würdet die Bundesrepublik zu einer Atomwüste machen. Kann man Werte wie Freiheit und Heimat wirklich dadurch schützen, daß man ihre Vernichtung vorbereitet?

Solange der Bundestag diese Fragen nicht diskutiert, werden Hunderttausende und morgen Millionen dem Parlament das sicherheitspolitische Mandat entziehen und diese Debatte selbst führen. Denn wir nehmen sehr ernst, was in unserer Verfassung steht: »Alle Staatsgewalt geht vom Volke aus!«

Alfred Mechtersheimer ist Friedensforscher beim Max-Planck-Institut für Sozialwissenschaften in Starnberg.

Alfred Mechtersheimer

Grußbotschaften aus dem Inland

Wir solidarisieren uns

»Wir solidarisieren uns mit Euren Forderungen, auch wenn wir wegen der heutigen Klausuren zum Vordiplom und Diplom in Katholischer Theologie nicht nach Bonn kommen können.«

12 Theologiestudenten/tinnen der Philosophisch-Theologischen Hochschule Sankt Georgen, Frankfurt.

Auch unser Anliegen

»Liebe Freunde, am 10./11. Oktober 1981 haben wir unseren Diözesantag unter dem Motto 'Mut schafft Solidarität - Solidarität macht Mut', so daß viele unserer Mitglieder nicht an der Demonstration und Kundgebung 'Gegen die atomare Bedrohung gemeinsam vorgehen - Für Abrüstung und Entspannung in Europa' teilnehmen werden. Eine terminliche Verlegung unseres Diözesantages war leider nicht mehr möglich.

Da Eurer Anliegen aber auch unser Anliegen ist,

- keine neuen Atomwaffen in Europa (am besten überhaupt keine)
- keine Stationierung neuer Mittelstreckenraketen

solidarisieren wir uns mit Euch und wünschen Euch für die Demo in Bonn alles Gute.«

Christliche Arbeiter-Jugend Diözesenleitung Paderborn.

Frieden, Frieden und es ist kein Friede

»Wir grüßen Euch herzlich und solidarisieren uns mit Euch getreu dem Bibelwort: Sie sagen Frieden, Frieden und es ist kein Friede.«

Der Kongreß Kirche und Krieg der ev. Theologiestudenten von Hessen und Nassau, Frankfurt/Main.

Suchet den Frieden

»Suchet den Frieden und jaget ihm nach. Evangelische Jugend Hameln/ Aktion Sühnezeichen/Friedensdienste grüßt aus Polen die Bonner Friedensdemo.«

... grüßen alle Teilnehmer

»Die Teilnehmer des Bundestreffen der Stottererselbsthilfegruppen in Kiel unterstützen die Ziele der Friedensdemonstration am 10.10.1981 in Bonn und grüßen alle Teilnehmer.«

Müssen unseren Wald bewachen

»Liebe Freunde der Friedensbewegung. Können heute nicht in Bonn sein, müssen unseren Wald bewachen. 12 000 Leute sind im Gedanken und mit ganzem Herzen mit Euch. Unser Widerstand ist ungebrochen.«

Bürgerinitiative gegen Flughafenerweiterung/Keine Startbahn West.

Den Frieden für unsere Kinder

»Tausend ungenannte Lehrer aus Baden Württemberg grüßen die Friedensdemo. Wir wären gern bei Euch, aber die Behörden verpaßten uns den Maulkorb. Wir wollen den Frieden für unsere Kinder. Wir wollen eine Welt ohne Bomben, eine Welt mit Liebe und Humanität. Uli, Flo, Katja, Dora und tausend Ungenannte.«

Begrüßen das Auftreten eines Gewerkschafters

»Die 19. Ordentliche Delegiertenkonferenz des DGB-Kreises Starkenburg (Darmstadt) begrüßt die heutige Demonstration und Kundgebung für Frieden und Abrüstung und wünscht ihr erfolgreichen und friedlichen Verlauf. Wir, die Delegierten hoffen, daß über diese Kundgebung hinaus der Kampf für den Frieden verstärkt in die Betriebe, Verwaltungen und Schulen getragen wird. Wir begrüßen insbesondere das Auftreten eines Gewerkschafters wie Georg Benz, als einen Schritt zur stärkeren Beteiligung der Deutschen Gewerkschaften in der Friedensbewegung. Wir fordern Euch auf: Unterstützt aktiv den Aufruf des Deutschen Gewerkschaftsbundes 'Frieden durch Abrüstung' und alle Initiativen, die sich gegen Aufrüstung und für Abrüstung in West und Ost einsetzen.«

Gezeichnet: Alois Pressin, DGB-Kreisvorsitzender.

Warum nicht im Fernsehen?

»Vielen Bürgern des Landes ist es nicht möglich heute an der Kundgebung teilzunehmen, weil einerseits die Transportmittel erschöpft sind, oder aber weil sie behindert, alt oder krank sind. Der Papstbesuch wurde 15 Stunden, die Hochzeit Prinz Charles und Lady Dianas 5 Stunden im Fernsehen live übertragen. Wir sind der Auffassung, daß die Nichtübertragung der Frie-

Dortmunder Gewerkschafter
gegen Aufrüstung
und
Sozialabbau
Rüstung
Soziales

densdemonstration im Fernsehen gegen die Satzung (Informationspflicht) der öffentlich-rechtlichen Anstalten verstößt.«

SPD-Ortsverein Schwabing-Ost, im Auftrag: Wolfgang Kurz.

Keine Atomraketen

»Leider können wir nicht dabeisein, aber wir unterstützen das Anliegen der Demonstration. Wir wollen keine Atomraketen, keine Waffen, keinen Krieg. Wir wollen Liebe und Frieden.«

11 Sozialarbeiterinnen und Sozialarbeiter des Bundesbahnsozialwerkes und des Eisenbahnwaisenhortes in Freiburg.

Erziehung zum Frieden

»Die Konferenz der Landesschülervertretungen, das ist der Zusammenschluß aller Landesschülervertretungen der BRD und West-Berlins, grüßt alle Teilnehmer der Demonstration 'Gegen die atomare Bedrohung gemeinsam vorgehen - Für Abrüstung und Entspannung in Europa'. Wir solidarisieren uns mit Euren Forderungen, da wir als Schüler genau wie alle anderen Bundesbürger von der atomaren Aufrüstung bedroht werden.

Es sind dieselben Politiker, die den Hochrüstungskurs der USA in der BRD durchsetzen wollen, die in der Bildung den Rotstift ansetzen und uns damit das Recht auf Bildung nehmen.

In der heutigen Situation fällt es den Rüstungsbefürwortern auch in der Schule sehr schwer, ihren Standpunkt glaubhaft zu vertreten. Sie greifen deshalb zu anderen Mitteln. Sie versuchen den 'umsichgreifenden Pazifismus' in der Schule durch eine Empfehlung der Kultursminister zur Frage der 'Friedenssicherung' als Unterrichtsthema einzudämpfen. Dort sollen wir den 'Sinn des Wehrdienstes verstehen, die Notwendigkeit der Verteidigungsbereitschaft einsehen'. Dieses Zitat stammt aus einer Vorlage zur Kultusministerkonferenz der Kultusminister Mayer-Vorfelder und Gölter.

Dagegen setzen wir uns zur Wehr. Wir wollen eine Erziehung zum Frieden. Deshalb beteiligen sich heute viele Schüler, den Einschüchterungen der Schulleiter zum Trotz an dieser Demonstration.

Wir werden mit Friedensaktivitäten an den Schulen, durch die Beteiligung an den Friedenswochen und mit unserer bundesweiten Aktionswoche, die Anfang Dezember stattfinden soll, einen wichtigen Beitrag im Kampf um den Frieden über diese Demonstration hinaus leisten. Wir wollen in Frieden leben, lernen und arbeiten.«

In Gedanken marschiere ich mit

»In Gedanken marschiere ich mit Ihnen. Eine achtfache Oma aus Illertissen.«

Greetje Witte-Rang
Die »holländische Krankheit« – eine ansteckende Gesundheit

Ich möchte Euch die herzlichsten Grüße von der niederländischen Friedensbewegung ausrichten. Wir in Holland sind stolz darauf, daß eine für die Welt so wichtige »Krankheit« unseren Namen trägt: die holländische Krankheit. Diese Krankheit, in Wirklichkeit eine Medizin gegen den Rüstungswahnsinn, ist so ansteckend wie früher die Pest und wie ich sehe, hat der Bazillus inzwischen auch Euch Deutsche erreicht.

Aber ich grüße Euch auch im Namen aller westeuropäischen Friedensbewegungen, die hier anwesend sind. Es ist von historischer Bedeutung, daß die Friedensbewegung eine internationale Realität geworden ist. Denn in Fragen von Sicherheit und Frieden können wir nur in Zusammenarbeit etwas erreichen. Aber das bedeutet natürlich nicht, daß nicht jedes Land einen eigenen Beitrag für ein besseres Sicherheitssystem zu liefern hat. Es geht nicht länger an, daß zum Beispiel unser Ministerpräsident Dries van Agt sagen kann, daß er Helmut Schmidt nicht mehr unter die Augen treten darf, wenn Holland die neuen Raketen verweigert. Er hat gesagt, daß sein Ansehen dann schamrot wäre. Wir sind der Meinung, daß unsere Politiker seit langem sich rot schämen müßten und daß es Zeit wird, daß sie wieder eine gesunde Farbe bekommen. Wir werden ihnen dabei helfen.

Europa soll sich denuklearisieren im Rahmen einer Politik, die den Namen Friedenspolitik verdient. Deshalb sind alle westeuropäischen Friedensbewegungen hier nach Bonn gekommen um Eure Forderung zu unterstützen. Es soll so sein, daß in keinem Land gesagt werden kann: die anderen Länder werden die Waffen wohl akzeptieren. Wir wollen die Einheit im Bündnis – Einheit soll es geben! Aber nur die Einheit eines gemeinsamen Vorgehens gegen die atomare Bedrohung!

Darum keine Pershings, darum keine Cruise Missiles, sondern eine atomwaffenfreie Zone in Europa. Aber wie erreichen wir so etwas? Jedes Land muß aus seiner eigenen Situation sich um einen Prozeß bemühen. Das bedeutet für die Bundesrepublik, daß für eine neue Ostpolitik gearbeitet werden muß, die wirklich die Mauern zwischen Ost und West zersprengt. Gibt es einen zweiten politischen Schritt in der Nachkriegszeit, der mehr Vertrauen geweckt hat unter den Völkern in ganz Europa als die Ostpolitik? Wir aus West-, Nord- und Süd-Europa bitten Eure Politiker eine neue Ostpolitik zu initiieren, aber diesmal nicht nur mit politischen Maßnahmen, sondern auch mit Maßnahmen auf dem Gebiet der Abrüstung. Der Anfang Willy Brandts muß weitergeführt werden und die Bundesrepublik hat die Pflicht, in dieser Phase eines neuen Kalten Krieges die Initiative zu solch einer neuen Ostpolitik zu nehmen.

Greetje Witte-Rang

Im Norden soll weiter an der Möglichkeit einer kernwaffenfreien Zone gearbeitet werden, ohne daß man sich von den Großmächten davon zurückdrängen läßt. Die britische Friedensbewegung soll sich stark machen um die eigenen atomaren Waffen abzubauen.

Wir in den Niederlanden haben 1957 als erstes europäisches Land Atomwaffen auf unserem Grund akzeptiert und wir werden auch die ersten sein, die sie wieder abschaffen.

Die westeuropäischen Friedensbewegungen nehmen diese Demonstration als Auftakt einer ganzen Reihe von Demonstrationen, zu denen wir Euch hiermit einladen. So wie wir Eure Forderung unterstützen, hoffen wir, daß Ihr auch unsere Forderungen unterstützt.

Wir treffen uns

- am 24. Oktober in Rom oder wer will in Madrid,
- am 25. Oktober in Paris, Brüssel und falls ihr es schafft auch in London und Oslo,
- am 29. und 30. Oktober in Kopenhagen,
- am 21. November in Amsterdam,
- in der Woche vom 7. bis zum 11. Dezember in Brüssel,
- und vom 22. bis zum 24. Januar in Stockholm.

Kommt ihr? Ich höre noch nichts!

Jetzt sind wir uns einig und die Friedensbewegung ist nicht mehr wegzudenken. Wir haben die gemeinsame Forderung eines atomwaffenfreien Europas. Wir wollen wirkliche Sicherheit. Diese bekommen wir aber nicht mit immer mehr Waffen, sondern nur mit der inneren Kraft einer freien Gesellschaft. Wirkliche Sicherheit gibt es nur aufgrund eines niedrigen Bewaffnungsniveaus und durch gute Beziehungen zu den Gegnern.

Dies sind die Kriterien, an denen die politischen Vorschläge durch die Friedensbewegung gemessen werden wird. Wir fragen als westeuropäische Friedensbewegung die Bundesrepublik, um eigene Abrüstungsinitiativen zu entfalten. Dies heißt konkret: als ersten Schritt auf die neuen Atomwaffen zu verzichten.

Was wir wollen ist ein atomwaffenfreies Europa und zwar in Ost und West. Wir meinen, daß sich unsere Kritik ausbreitet, auch nach Osteuropa und zur Politik der Sowjetunion. Die SS-20-Raketen bedrohen uns Tag und Nacht. Wir wollen darunter nicht leben. Wir wollen frei sein.

Liebe Freundinnen und Freunde und liebe Feinde in Osteuropa – die Friedensbewegung in Westeuropa wächst. Ihr sollt damit leben lernen. So wie ihr zu Unrecht auch zu leben hattet mit der nuklearen Bedrohung. Wir befreien uns von unseren nuklearen Waffen, aber wir wollen auch befreit werden von der nuklearen Bedrohung. Wir brauchen Eure Hilfe dazu. Bitte seid kritisch in Eurer eigenen Gesellschaft. Denn der Frieden ist eine Sache von Ost und West. Die Friedensbewegung demnach auch. Da gibt es keinen Weg zurück mehr.

Viel Kraft und auf Wiedersehen in Rom, Madrid, Paris, Brüssel, London, Oslo, Amsterdam, Kopenhagen und Stockholm.

Der Atomtod bedroht uns alle, Wehrt Euch!
Unser Land braucht Frieden
Spitzer

Randall Forsberg
Das amerikanische Volk ist gegen das Wettrüsten

Von Amerika habe ich Grüße auszurichten und Dank zu sagen. Eure Aktivitäten in Europa machen uns Mut. Wir werden inspieriert von den vielen tausenden von Euch, die sich aktiv engagieren, um die Einführung von neuen Atomraketen zu verhindern. Wir müssen Euch Beifall zollen. Wir beten, daß Euch das gelingt, was wir in den USA in der Vergangenheit vesäumt haben: die Initiative zu ergreifen, um das schreckliche Atomrüsten zu beenden.

Im Jahre 1981 haben die Bürger der Vereinigten Staaten begonnen, eine Massenbewegung gegen Atomwaffen zu initiieren. Das Kernstück dieser Bewegung bildet die »Kampagne für ein bilaterales Einfrieren von Atomwaffen«. Im ersten Schritt der »Einfrierungskampagne« zielen wir auf einen Stopp in Entwicklung und Produktion aller Atomwaffen in den USA und in der UdSSR. Danach wollen wir die Atomwaffenproduktion auch in allen anderen Ländern stoppen, Großbritannien, Frankreich und China eingeschlossen. Und dann werden wir versuchen, auf eine Reduzierung des atomaren Arsenals hinzuarbeiten.

Wie würde solch ein »Einfrieren von Atomwaffen« aussehen? »Einfrieren von Atomwaffen« hieße, daß keine neuen Raketen in Europa stationiert würden: keine Pershing II, keine Marschflugkörper und auch keine zusätzlichen SS-20. Es würde außerdem bedeuten, daß sowohl in den USA als auch in der UdSSR die Produktion einer neuen Generation von atomaren Langstreckenraketen verhindert würde. Diese Waffen verbessern auf beiden Seiten die Möglichkeiten, in einem atomaren Schlagabtausch möglichst viel militärisches Potential des Gegners zu vernichten. Wir verurteilen jegliche Vorbereitung für einen sogenannten »begrenzten« Atomkrieg. Wir verwerfen nicht nur die Vorbereitung für Atomangriffe auf militärische Ziele in Europa, sondern auch die Produktion von Langstreckenraketen, die generell auf militärische Ziele gerichtet werden wie zum Beispiel:

- die amerikanischen MX Interkontinentalraketen
- neue sowjetische Interkontinentalraketen
- die fortgesetzte Produktion von U-Boot gestützten ballistischen Raketen, und
- die neuen höchst-treffsicheren luft- und seegestützten Marschflugkörper.

Ist es nun aber möglich, dieses »Einfrieren« in der gegenwärtigen Situation durchzuführen? Können alle diese neuen Waffen gestoppt werden? Sowohl amerikanische als auch westeuropäische Politiker und Generäle antworten darauf mit der Behauptung, daß die NATO im atomaren Wettrüsten bereits hinter die Sowjetunion zurückgefallen sei, und daß aus diesem Grund ein »Einfrieren« zum gegenwärtigen Zeitpunkt unmöglich sei. Das ist nicht wahr. Es ist ein Scheinargument, wie so viele andere, die wir in den letzten 35 Jahren gehört haben.

Während der letzten sechs Jahre hat die Sowjetunion weniger als 200 SS-20-Raketen gebaut und auf Westeuropa gerichtet. Diese Raketen, jede mit drei Sprengköpfen zu je 200 Kilogramm versehen, tragen insgesamt weniger als 600 atomare Sprengköpfe. Bevor diese neue Waffengeneration eingeführt wurde, hatte die UdSSR zwanzig (20) Jahre lang ihre 600 SS-4- und SS-5-Raketen auf Europa gerichtet, jede mit einem Sprengkopf von einer (1) Megatonne. Die Sowjets haben dem Westen sogar ein »Einfrieren« des SS-20 Bestandes auf dem gegenwärtigen Stand angeboten. Es scheint, daß die Sowjets bereit sind, über eine Außerdienststellung der alten SS-4- und SS-5-Raketen zu verhandeln, wenn die USA auf eine Stationierung von neuen Raketen in Europa verzichtet.

Das Ergebnis dieser Aktion wäre in keiner Weise eine größere atomare Bedrohung als bisher, sondern im Gegenteil, eine geringere, denn die 600 kleineren Atomsprengköpfe der SS-20 erzeugen eine wesentlich geringere radioaktive Strahlung als die alten SS-4- und SS-5-Raketen.

Was die NATO-Generäle in diesem Zusammenhang erschreckt, ist nicht, daß die Stationierung der SS-20 eine vergrößerte atomare Bedrohung des Westens darstellt, sondern daß die NATO den Vorteil verliert, mit ihren gegenwärtigen Atomwaffen die sowjetischen Mittelstreckenraketen in einem Präventivschlag zerstören zu können. Seit vielen Jahren haben die USA vier Atom-U-Boote der Poseidonklasse dem NATO-Kommando unterstellt. Die Zahl der Atomsprengköpfe an Bord dieser U-Boote, insgesamt 640, entspricht der Zahl der sowjetischen Mittelstreckenraketen, die auf Westeuropa gerichtet sind. Ein weiterer Vorteil für die NATO war, daß die meisten der alten sowjetischen Raketen (SS-4) vor dem Start erst mit flüssigem Treibstoff aufgetankt werden mußten und daher erst nach stundenlangen Vorbereitungen gestartet werden konnten. Im Gegensatz dazu sind die neuen SS-20-Raketen feststoffgetrieben, was den Sowjets ermöglicht, auf einen Atomangriff ohne Zeitverzögerung durch Betankungsvorgänge antworten zu können.

Die neuen amerikanischen Raketen, die in Europa stationiert werden sollen, stellen einen extrem gefährlichen Versuch dar, den früheren Vorteil der NATO, einen Präventivschlag durchführen zu können, wieder herzustellen. Das gilt im besonderen für die Pershing II (zwei). Diese ballistische Rakete erreicht die UdSSR von der Bundesrepublik Deutschland aus in zehn (10) Minuten. Ihr Atomsprengkopf gräbt sich in die Erde hinein, bevor die Explosion ausgelöst wird. Aus diesem Grund ist die Pershing II besonders geeignet, die unterirdischen Raketenkontrollzentren der Sowjets außer Gefecht zu setzen. Die Folge davon ist, daß in einem Krisenfall die sowjetischen Generäle unter großem Druck stehen könnten, sich für einen Präventivschlag gegen die Pershing-II-Raketen entscheiden zu müssen. bevor diese ihre eigenen Kommandozentralen zerstören würden. Aus diesem Grund ist die Stationierung

Randall Forsberg

der Pershing II auf europäischem Boden ein weiterer Schritt in Richtung auf die Auslösung des »atomaren Stolperdrahts«.

Auch im Bereich der atomaren Interkontinentalraketen stellen die amerikanischen Entwicklungen eine weitaus größere Bedrohung dar als die sowjetischen, besonders wenn man die Möglichkeiten massiver Angriffe auf militärische Einrichtungen vergleicht. Beide Seiten entwickelten in zunehmendem Maße landgestützte Interkontinentalraketen, mit denen die landgestützten Atomwaffen des Gegners bekämpft werden können. Aber nur die Vereinigten Staaten - in Verbindung mit Japan, Großbritannien und anderen NATO-Staaten - verfügen über eine hochwertige Technologie zur U-Boot-Bekämpfung, mit der in einem Präventivschlag alle sowjetischen Atom-U-Boote angegriffen werden können. Die UdSSR hat dem nichts Gleichwertiges entgegenzusetzen.

Wir in den USA sind fest entschlossen, die Produktion der gefährlichen neuen Atomwaffen zu verhindern - Interkontinentalraketen, Mittelstreckenraketen, Marschflugkörper und Neutronensprengköpfe eingeschlossen. Wir sind entschlossen, die irrsinnige und verschwenderische Produktion überall zu stoppen, und dann mit einer Reduzierung des Atomwaffenarsenals zu beginnen.

In den zurückliegenden sechs Monaten seit dem Beginn der »Einfrierungskampagne« hat die Unterstützung unserer Aktion erheblich zugenommen. So stehen für jeden Anhänger unserer Aktion im März nun schon tausend. Aber dies ist erst der Beginn. Wir erwarten, daß unsere Anhängerschaft in der nahen Zukunft die Millionengrenze überschreitet.

Das Volk der Vereinigten Staaten ist gegen ein atomares Wettrüsten. Wir unterstützen daher Eure Bemühungen, die Stationierung von neuen Atomraketen in Europa zu verhindern und eine atomwaffenfreie Zone zu schaffen. Ebenso hoffen wir auf Eure Unterstützung für unser Bemühen, das atomare Wettrüsten in unserem Land und in der Sowjetunion zu stoppen.

Die hier dokumentierten Ausführungen geben die persönliche Meinung von Randall Forsberg wieder und repräsentieren weder die Grundsätze noch irgendwelche offiziellen Verlautbarungen des »Institutes für Verteidigungs- und Abrüstungsstudien« in den USA.

Coretta King
Für eine Weltgemeinschaft die Hände reichen

Für micht als Afro-Amerikanerin ist es eine besondere Ehre mit Euch, den vielen Tausend Friedensfreunden, hier zu sein.

● Uns eint jene große Sehnsucht nach Frieden und Gerechtigkeit für alle Völker der Welt.

● Uns eint der tiefe Glaube an die Demokratie, an die Kraft des Einzelnen und der Gemeinschaft, das Schicksal selbst zu bestimmen.

● Uns eint jenes persönliche Engagement, für unsere Ideale zu kämpfen, bis sie verwirklicht sein werden.

Heute überbringe ich Euch die Grüße und Wünsche von vielen, vielen Menschen in den USA, Schwarze und Weiße, Alte und Junge, Arme und Reiche, die Euer Anliegen teilen. Ich möchte Euch versichern, daß die Bewegung für Frieden und Gerechtigkeit in den USA stark ist und täglich wächst trotz der Regierungspolitik in unserem Land, Rüstungsausgaben in beängstigendem Maße zu steigern.

Vor weniger als einem Monat demonstrierten mehr als 250 000 Amerikaner in Washington, um zum Ausdruck zu bringen, daß die US-Regierung Verantwortung trägt für den Frieden, und um das Wettrüsten zurückzuweisen. Der Solidaritätstag in Washington war Ausdruck einer breiten Koalition von Schwarz und Weiß, Arbeitern und Studenten, Männern und Frauen sowie unzähligen Gläubigen, die gegen die Grausamkeit wirtschaftlicher Unterdrückung, den Rüstungswahnsinn und den Rassismus aufstehen.

Der Geist der Solidarität in Washington vom letzten Monat eint uns auch heute. Dies ist der Geist von Gandhi und Martin Luther-King jr. - der Geist von Frieden und Gewaltlosigkeit.

Ihr sollt wissen, daß Millionen Amerikaner Euch unterstützen. Ja, Millionen amerikanischer Bürger kämpfen gegen die Rüstung.

● Wir sagen Nein zur Entwicklung der Neutronenbombe. Diese Bombe darf nicht gebaut werden.

● Wir sagen Nein zum irrsinnigen MX-Rakctensystem und jede andere sinnlose Waffe, wo immer sie gebaut wird.

● Wir sagen Nein zu den drastischen Kürzungen der Sozialprogramme. Dies betrifft die Schulspeisungen, Krankenfürsorge für die Armen, Arbeitslosen- und Altenhilfe.

● Wir dürfen Leben und Gesundheit nicht auf dem Altar des Militarismus opfern.

● Wir dürfen die Menschheit nicht dem Rüstungswettlauf opfern.

Unser Kampf ist Euer Kampf, unsere Bewegung ist Eure Bewegung. Deshalb bitte ich Euch, niemals aufzugeben. meine Erfahrung lehrt mich, daß die Beharrlichkeit einer gewaltlosen Massenbewegung erfolgreich ist.

Vor 30 Jahren schien im Süden der USA der Rassismus unüberwindbar. Aber Schwarze und Weiße mit Unterstützung von Menschen wie Euch in der ganzen Welt und unter Führung von Martin Luther-King rissen die Mauern des Hasses ein. Dieselbe Koalition verwirklichte schließlich die große Sehnsucht aller: das Wahlrecht für Schwarze, eine politische Revolution für den Süden der USA.

In den 60er Jahren wollte man uns einreden, wir können den Krieg in Vietnam nicht stoppen. Doch die Weltöffentlichkeit protestierte, bis dieser Krieg beendet wurde.

Ja, Frieden kann erreicht werden. Präsident Sadat hatte seine Vision vom Frieden im Nahen Osten: auch seine Ermordung in dieser Woche wird diese Vision nicht zerstören. Und laßt uns daran denken, was uns Martin Luther-King sagte: Der Weg zum Frieden ist nicht der Krieg - es ist Frieden.

Frieden erreichen wir nicht durch den Bau neuer Waffen wie der Neutronenbombe. Dies ist nur eine Provokation. Dies bringt uns nicht mehr Sicherheit und es erhöht die Unsicherheit in der Sowjetunion. Rüstung ernährt nicht die Hungrigen. Sie raubt der Welt die Mittel, um den Hunger zu bekämpfen. Waffen bieten keine Arbeit, um die Städte der Welt zu bauen, keine Medizin, um die Kranken zu heilen, keine Häuser für die Heimatlosen, keine Schule für unsere Kinder.

- Laßt uns den Weg des Friedens fortschreiten.
- Laßt uns für immer den Krieg zurückweisen, vollständigen Gewaltverzicht durchsetzen.
- Laßt uns über die Grenzen der Nationen, Rassen und Klassen hinweg für eine Weltgemeinschaft die Hände reichen - eine Welt, in der der Geist des Menschen über Krieg und Zerstörung triumphiert und jeder in Frieden und Gerechtigkeit leben wird.

Übersetzung: Gerd Greune.

Coretta King

Otmar Leist
Friedensgedichte

Erklärung

Für den Fall,
daß dieser Staat,
wo ich arbeite,
einem zweiten Staate,
wo andre Leute arbeiten,
den Krieg erklärt,

erklär ich
jenen Leuten
schon heut
den Frieden.

Wir

Über viele Straßen schon
nähert sich unsere Stafette,
vor den Toren mancher Kaserne
ziehen abgerüstete Posten auf,
mutige Redaktöre erobern
den Bildschirm für die Wahrheit,
und aus Parteien von Beschwichtigern
bricht die Partei der Warner aus.

Plakate gegen Apparate,
Handzettel gegen Handfeuerwaffen,
gegen die Pläne der Leisetreter
unsere Lautsprecherwagen –
solange es Berufszerstörer gibt,
ist Stören unser Beruf.

Wo ihr Gewehre sammelt,
sammeln wir Unterschriften,
wo ihr Panzer auffahren laßt,

rollt unser Autokorso heran,
und das Ziel unserer Sternfahrt,
der Treffpunkt offener Gesichter:

die Demonstration
für den Frieden.

Lied über das Kasernen- und Manövergelände in unserem Land

7000 Quadratkilometer
gesperrt, zerwühlt, verseucht,
wo doch die Lunge der Städter
lange nach Atem keucht.

7000 Quadratkilometer,
ein steuernfressender Bauch,
darüber ein aufgeblähter,
bedrohlicher Pilz aus Rauch.

7000 Quadratkilometer
Mordwaffenübungsgebiet,
ein früher oder später
explodierendes Dynamit.

7000 Quadratkilometer
mit scharfer Munition
liefern dem Ungeist der Väter
schon wieder aus den Sohn.

7000 Quadratkilometer
auf dem Boden der BRD
für immer neue Vertreter
der alten Wahnidee.

Verjagt die Friedensverräter
aus unserem Domizil –
7000 Quadratkilometer
sind 7000 zuviel.

An einen Grenadier

Helmrand über deine Haare,
daß er mit dem Dach aus Stahl
deine Schädelhaut bewahre
vor dem Wind, dem Sonnenstrahl.

Helmrand tiefer in die Stirne,
bis der Himmel zugehängt,
ein Gedanke nur im Hirne,
der das Korn zur Kimme lenkt.

Helmrand enger um die Schläfe,
winken könnte irgendwer,
wenn sein Aug das deine träfe,
gilt er dir kein Gegner mehr.

Endlich brüllt die Mordmaschine
ohne Blick und ohne Ohr
aus der stahlgerahmten Miene
nur noch Angst und Haß hervor.

Einführung in die Raketenkunde

Liegt der Abschußort auf der Erde
oder auf der Meeresoberfläche,
unterscheiden wir:
Boden-Boden-Raketen,
Boden-Luft-Raketen,
Boden-Unterwasser-Raketen.
Verstanden?

Startet sie aber ein Flugzeug
oder ein Hubschrauber,
unterscheiden wir:
Luft-Boden-Raketen,
Luft-Luft-Raketen,
Luft-Unterwasser-Raketen.
Ist das klar?

Schießt man vom U-Boot aus
oder vom Meeresgrund,
unterscheiden wir:
Unterwasser-Boden-Raketen,
Unterwasser-Luft-Raketen,
Unterwasser-Unterwasser-Raketen.
Und nun wiederholen!

»Sie schrecken sich mit Raketen.
Ihr seid das Ziel von Raketen.
Wir denken über Raketen nach.
Er, sie, es haben Raketen.
Hast du eine Rakete?
Ich habe keine.«

Otmar Leist

Georg Benz
Ohne Berühungsängste für die Sicherung des Friedens

Liebe Freunde, liebe Kolleginnen und Kollegen, Genossinnen und Genossen!

Ich spreche auf dieser Kundgebung nicht im Auftrage oder im Namen des Deutschen Gewerkschaftsbundes oder der Industriegewerkschaft Metall für die Bundesrepublik Deutschland. Ich spreche als freier Bürger und überzeugter Gewerkschafter, als einer von Millionen Arbeitnehmern in der Bundesrepublik, wenn ich erkläre:

Die vorrangigste und wichtigste Aufgabe der Arbeiterbewegung auf nationaler und internationaler Ebene ist der Kampf für Frieden, Freiheit und Völkerverständigung! Der DGB hat dies in seinem Aufruf »Frieden durch Abrüstung« erneut bekräftigt:

- Frieden ist die Grundlage für die Beseitigung von Hunger und Elend und die Erreichung sozialer Sicherheit in allen Teilen der Welt.
- Frieden ist eine elementare Voraussetzung für den wirtschaftlichen, sozialen und kulturellen Fortschritt und für die Schaffung einer menschenwürdigen Gesellschaft.
- Nur im Frieden kann das Lebens- und Selbstbestimmungsrecht aller Nationen verwirklicht und die Verständigung zwischen den Völkern gefördert werden.
- Nur im Frieden können sich die Grund- und Freiheitsrechte der Menschen entfalten und demokratische Strukturen entwickeln.
- Nur im Frieden können freie und unabhängige Gewerkschaften ihren Auftrag erfüllen.

In einer so lebenswichtigen Frage wie der Sicherung des Friedens darf es deshalb keine Abgrenzungstaktik oder Berührungsängste gegenüber anderen Gruppen der Friedensbewegung geben. Wenn Zehntausende von Bürgern, Männer und Frauen unterschiedlicher politischer Auffassungen, gemeinsam in einer eindrucksvollen Willensäußerung für den Frieden in der Welt demonstrieren, dann bedeutet dies noch lange nicht, daß damit die Geburtsstunde einer neuen Volksfrontpolitik in der Bundesrepublik geschlagen hat.

Die politischen Gegner der Friedensbewegung, die diese Kundgebung als das Geschäft Moskaus diffamieren und damit Zehntausende von Menschen, die sich für den Frieden einsetzen, zu politisch willenlosen Handlangern abstempeln, haben die geschichtliche Lektion, die die Deutschen in diesem Jahrhundert erfahren mußten, nicht begriffen.

Georg Benz

Gerade die bedrückende historische Erfahrung, daß auch politische Gleichgültigkeit der Menschen zwei Weltkriege ermöglicht hat, führt Gruppen unterschiedlicher politischer, sozialer und konfessioneller Identität hier zusammen.

Den verantwortlichen Politikern sagen wir darum mit aller Entschiedenheit:

- Hört auf, den Friedenswillen der hier Versammelten zu diffamieren!
- Hört auf mit dem Zynismus, die Sorgen der Menschen, und vor allem die Zukunftsangst der Jugend, zum Parteiengezänk zu machen!
- Stellt Euch an die Spitze dieser Bewegung, die eine aktive Friedenspolitik unterstützen will!

Liebe Freunde, liebe Kolleginnen und Kollegen, als Gewerkschafter und demokratische Bürger wissen wir: Unser Kampf kann nur dann erfolgreich sein, wenn er mit friedlichen und demokratischen Mitteln geführt wird. Terror und Gewalt sind ebenso unvereinbar mit der Gewerkschafts- wie mit der Friedensbewegung!

In dieser Überzeugung ist der Deutsche Gewerkschaftsbund - seit der ersten Stunde nach dem großen Völkermorden - gemeinsam mit seiner Jugend unablässig für den Frieden eingetreten.

Ich erinnere nur

- an die Kampagne gegen die Remilitarisierung,
- an das Ringen um die Wiedervereinigung Deutschlands in den fünfziger Jahren,
- an die Aktion »Kampf dem Atomtod«,
- an den Kampf gegen die Notstandsgesetze in den sechziger Jahren,
- wie an das gewerkschaftliche Engagement für die Entspannungspolitik in den siebziger Jahren.

Der letzte ordentliche Bundeskongreß des Deutschen Gewerkschaftsbundes hat diese Tradition fortgesetzt, indem er forderte: »Sofortige Einstellung des Wettrüstens«, »Keine Erhöhung der Rüstungshaushalte in allen Ländern« und »sofortiger Verzicht auf alle neuen Rüstungsprojekte in Ost und West einschließlich der Neutronenbombe«. Mit seiner Unterschriftenaktion will der DGB diesen politischen Forderungen Nachdruck verleihen.

Die Gewerkschaftsjugend hat den 1. September - den Tag, an dem 1939 die Hitler-Armeen das wehrlose Polen überfielen und der Zweite Weltkrieg begann - zum Anti-Kriegstag erklärt. Seit Jahrzehnten gilt an diesem Tag unser leidenschaftliches Bekenntnis: Nie wieder Krieg - Nie wieder Faschismus.

Die jungen Gewerkschafter haben mit ihren Forderungen zu dieser Friedenskundgebung erneut Glaubhaftigkeit und politisches Verantwortungsbewußtsein unter Beweis gestellt. Sie lassen sich ihr Recht, selbst mitzugestalten und mitzuverantworten, wenn es um ihre Zukunft, um ihr Schicksal geht, von niemandem streitig machen. Ich setze meine Hoffnungen für die Zukunft auf diese Jugend, und ich glaube, daß wir Älteren mit der Erfahrung einer Kindheit im Faschismus, einer Jugendzeit im Krieg, es dieser Generation schuldig sind, ihren Friedenswillen und ihre Absage an totalitäre Systeme aktiv zu unterstützen.

Für mich - liebe Kolleginnen und Kollegen - ist das ein gewichtiger Grund, auf dieser Kundgebung zu sprechen.

Liebe Freunde, liebe Kolleginnen und Kollegen, die Gegner der Friedensbewegung werfen uns Anti-Amerikanismus und einen einseitigen Blick für die Rüstungsanstrengungen des Westens vor. Um keine Zweifel aufkommen zu lassen: Wir wollen weder, daß Europa ein Anhängsel des sowjetischen Imperialismus wird noch, daß Europa den Charakter einer Kolonie der westlichen Supermacht erhält.

Daß wir als Gewerkschafter gegenwärtig voller Sorge und Empörung nach Washington sehen, ist die Folge der aktuellen amerikanischen Politik. Die ständigen Absagen an die Entspannungspolitik und der rigorose Anspruch Reagans, militärisch auf allen Gebieten die Überlegenheit zu erreichen, ist gleichzeitig mit einem Generalangriff auf die Arbeitnehmer- und Gewerkschaftsrechte verbunden. In einer beispiellosen Attacke auf den vergleichsweise bescheidenen sozialen Besitzstand entlarvt sich eine Politik, die die Rüstungsgiganten reicher, die Unterprivilegierten, die Arbeitslosen und die Arbeitnehmer ärmer werden läßt.

Gegen Rüstungswahnsinn und soziale Demontage zu protestieren, ist für Gewerkschafter kein Anti-Amerikanismus. Wir unterstützen damit die Opposition der amerikanischen Gewerkschafter, die vor wenigen Wochen fast eine halbe Million Menschen gegen die zum Chaos führende Wirtschafts- und Rüstungspolitik des amerikanischen Präsidenten mobilisierten.

Unsere Freundschaft und Solidarität gilt den amerikanischen Arbeitern, die sich in so eindrucksvoller Weise gegen die Politik Reagans zur Wehr setzten. Damit handeln wir zugleich im Interesse der Arbeitnehmer unseres Landes, denn längst ist auch hier die militärische Aufrüstung mit bedrohlicher sozialer Demontage unlösbar verbunden.

Die Sparbeschlüsse der Bundesregierung für den Haushalt '82 zeigen es: Arbeitslosengeld, Rentenansprüche, Krankenunterstützung, Berufsförderung und weitere gesetzliche Sozialleistungen stehen zur Disposition. Bei Arbeitnehmern, Rentnern, Unterstützungsempfängern werden Milliardenbeträge eingespart.

Die CDU/CSU-Opposition im Bundestag trumpft noch besser auf: Sie will den Betroffenen für rund acht Milliarden D-Mark noch tiefer in die Tasche greifen. Die wahnwitzigen Rüstungslasten aber bleiben und steigen weiter.

Ebenso unaufhaltsam steigt die Massenarbeitslosigkeit: 1,3 Millionen Arbeitslose in der Bundesrepublik, fast 2 Millionen in Frankreich, 3 Millionen in Großbritannien, über 9 Millionen Arbeitslose in der Europäischen Gemeinschaft und 7 bis 8 Millionen in den USA. Die Teufelsspirale dreht sich weiter - ihr Tempo beschleunigt sich.

Wir Gewerkschafter stellen fest:

- Wer Spannungen schürt, um gesellschaftliche Reformen abzublocken,

● wer den Ausbau der Rüstung fordert und gleichzeitig den Abbau der sozialen Sicherheit predigt, der gefährdet den inneren und den äußeren Frieden!

Arbeitnehmer und Gewerkschaften, die sich der Friedensbewegung verpflichtet fühlen, treten nicht gegen die Friedens- und Entspannungsbemühungen dieser Bundesregierung an – wie eine Zweckpropaganda behauptet. Sie verstehen sich in der Tradition der in den siebziger Jahren durch die sozialliberale Koalition eingeleiteten Friedens- und Entspannungspolitik und wollen sie fortsetzen. Damit stärken sie die Abrüstungspolitik dieser Bundesregierung.

Deshalb lauten unsere Forderungen an die Politiker in Ost und West, in Nord und Süd:

● Hört auf, weiter an der Wahnsinnsspirale des Rüstungswettlaufes zu drehen!

● Hört auf, immer neue Zerstörungswaffen zu produzieren!

● Hört auf mit der Rüstungspolitik, die das Elend in den Entwicklungsländern verschärft!

● Hört auf mit der Rüstungspolitik, die keine Sicherheit produziert, sondern uns an den Rand einer Katastophe drängt!

● Fangt an mit kontrollierter Abrüstung und Truppenreduzierung in Ost und West!

Wir alle haben dazu beizutragen, daß es nie wieder auf deutschem Boden Krieg und Faschismus geben kann.

Harry Belafonte

D. Martin Niemöller Für unser Handeln Verantwortung tragen

Liebe Freunde! Der erste Ostermarsch 1958: Schauerliches Wetter, kalt, Regen, Schnee. Am Karfreitag war der Zug vom Londoner Trafalgar Square gestartet, am zweiten Ostertag erreichte er das Ziel: die Atomfabrik Aldermasten. An die 10 000 Menschen, Dutzende von Müttern mit Kinderwagen, eine Riesen-Wiese, bedeckt von knöcheltiefem Wasser. Der Zug war drei Tage lang unter einer unaufhörlichen Schimpfkanonade »Kommunisten«, »Landesverräter« und entsprechendem Bombardement mit Grasplacken und Unrat still und stumm seines Weges gezogen. Aber am Ziel brausten die Parolen, Lieder und Gesänge auf.

Über diesen ersten Atommarsch gab es keine Zeile in der Presse. Doch bereits zwei Jahre später hätte kein Mensch mehr eine Zeitung gekauft, in der nicht vom Ostermarsch berichtet worden wäre. Die Atomrüstung brachte den ersten Durchbruch in die Öffentlichkeit.

Wer sich in den fünfziger Jahren als Friedensfreund bekannte, galt ohne weiteres als »verkappter Kommunist«. Immer wieder hat man versucht, die Ostermärsche kaputtzumachen, indem man sie als kommunistisch gesteuert diffamierte.

Der Kampf der Ostermärsche fiel in eine Zeit, in der die Rüstung dieses Feindbild geschaffen hatte und seiner bedurftc, weil sie sonst als sinnlos – nein als sinnwidrig – offenbar geworden wäre. Wer Frieden will, muß sich mit dem, den er als einen vielleicht nur potentiellen Feind betrachtet, unterhalten, mit ihm leben lernen und leben wollen.

Das schwierigste und furchtbarste, was ich in diesen Jahren der Ostermärsche erkannte, war: Wenn ich einen Gegner habe, mit dem ich gar keinen Frieden haben will, dann soll ich von Friedenswillen nicht reden. Es ist doch wohl unwiderleglich klar, daß wir, die gesamte Menschheit, nur noch miteinander überleben werden, weil uns einfach keine Alternative mehr bleibt. Nicht nur der Krieg –, jeder Versuch durch Gewalt oder Zwang oder Druck, das eigene Leben auf Kosten anderer zu sichern, bleibt eine Fehlspekulation, denn er muß im Endeffekt zur allgemeinen Katastrophe und damit zur Selbstvernichtung führen.

Wer heute glaubt, die eigene Sicherheit und den eigenen Wohlstand ohne Rücksicht auf das gemeinsame Schicksal mit allen anderen Menschen, Völkern und Rassen gewinnen oder erhalten zu können, wer sein Leben auf ein solches Ziel hin programmiert, der hat es schon verfehlt und hat sich schon selbst aus der allein noch möglichen menschlichen Gesellschaft, aus der menschlichen Friedens-Gemeinschaft ausgeschlossen.

Als Menschen, die um ihre Verantwortung füreinander wissen, bleibt uns in der Tat nichts anderes übrig, als selbst in aller Offenheit und vor aller

Öffentlichkeit kundzutun, was uns keine Ruhe läßt und was wir als den nicht mehr aufzuschiebenden ersten Schritt zur Ermöglichung menschlichen Überlebens erkannt haben: Rüstungsstopp und Abrüstung.

Wenn wir von der »Sicherung« des Friedens reden, dann müssen wir wissen, daß es einen gesicherten Frieden niemals geben kann. Wenn Frieden heute eine unabdingbare Grundvoraussetzung des Lebens ist, dann wissen wir, daß die Friedensarbeit keinen Augenblick mehr versäumt werden darf. Denn Frieden kann nicht ein für allemal gesichert werden. Wir müssen fragen: Was können wir, wenn heute Frieden ist, tun, damit auch morgen Frieden sein wird?

Zu sehr haben wir damals der Obrigkeit vertraut und ihr die »Sicherung« des Friedens überlassen. In der jungen Generation gilt das heute nicht mehr. Die Jugend sucht nach Autoritäten, die sich als solche durch ihre Friedensarbeit erweisen, sich nicht als solche nur ausgeben.

Was meine Kampfgenossen und ich damals gewollt und wofür wir eingestanden sind, das scheint heute Früchte zu tragen. Wir sind Menschen, Lebewesen auf dem Planeten Erde, für uns selbst und füreinander für unser Tun und Lassen verantwortlich. Daß und wie stark uns solche gemeinsame menschliche Verantwortung aus unserer qualvollen Einsamkeit freimacht zu einer echten, freien und tatbereiten Freude, das ist mir bei der ersten großen Kundgebung hier im Hofgarten vor fünf Jahren bewußt geworden und vor bald zwei Jahren in Brüssel, als wir bei hereinbrechender Dunkelheit im kalten Regen unter peitschendem Sturm mit unserem Demonstrationszug durch die Straßen marschierten: Lauter entschlossene, zuversichtliche, ja frohe Gesichter. Dabei gings doch auch damals schon um den Nachrüstungsbeschluß der NATO, um eine Spritze zur Wiederbelebung des Wettrüstens und die Rückkehr zu einer von der NATO wie von der Rüstungsindustrie gewünschten und erhofften Politik der Stärke.

Für die sogenannten Falken schienen die Chancen gut zu stehen und die eher schüchternen »Tauben« würden wohl wieder einmal das Nachsehen haben. – Aber: Die Friedensfreunde hatten ganz klein angefangen. Sie machten, wenn zunächst auch höchst unliebsam, sich bemerkbar, indem sie das Grundrecht auf freie Meinungsäußerung ausschöpften, soweit sie das nur zu tun vermochten, da ihnen Presse und Medien verschlossen blieben. Und der Erfolg blieb dann auch nicht aus: Die Tauben mehrten sich – aus Hunderten wurden Tausende und dann Zehntausende und dann Hunderttausende. Wir alle wollen, daß wir menschlich miteinander leben können als Menschen unter Menschen und dazu braucht es Vertrauen, dazu braucht es den Mut zum Vertrauen. Wir müssen dies Vertrauen wagen, zumal es ja doch keine ernstzunehmende Alternative gibt. Darum: Schluß mit dem Rüsten und statt dessen ernsthafte und ehrliche friedsame Arbeit bis zu dem Ziel einer solchen Solidarität bewußten, friedlich miteinander, beieinander und füreinander lebenden Erdbevölkerung, einer Menschheit, wie Gott sie haben will.

Martin Niemöller konnte aus gesundheitlichen Gründen an der Kundgebung nicht teilnehmen. Seine Rede wurde vorgelesen.

Erhard Eppler
Eine Bewegung der Mutigen

I.

Friedensbewegung, das ist nicht das Bündnis der Gerissenen mit den Naiven.

Friedensbewegung, das ist das Bündnis derer, die nichts mehr von Rüstung wissen wollen, mit denen, die zu viel davon wissen.

Friedensbewegung, das ist der Zweifel, ja die Verzweiflung über eine Sicherheitskonzeption, die letztlich nur mit dem eigenen Selbstmord drohen kann.

Friedensbewegung weiß: Der Friede ist eine viel zu ernste Sache, als daß man ihn militärischer Strategie und politischer Taktik, den Raketenzählern und Lobbyisten überlassen dürfte.

Zusammen führt uns der Wille, die Kette der Vor- und Nachrüstungen aufzubrechen, die uns alle in Richtung Abgrund zerrt.

Es kann doch kein Naturgesetz sein, daß Ost und West in gleicher Weise die eigene Rüstung immer als unvermeidliche Nachrüstung deklarieren, während die Rüstung des anderen der größenwahnsinnige Versuch sein soll, ein ohnehin gewaltiges Übergewicht noch weiter auszubauen.

Wir wollen diese Kette zerschlagen, wo wir sie zerschlagen können, hier in Westeuropa, in Deutschland. Und dies läßt sich verantworten, weil der Westen dem Osten in der atomaren Rüstung auch ohne neue Mittelstreckenraketen mehr als gewachsen ist.

Wir lassen uns nicht mehr einschüchtern von Leuten wie Herrn Weinberger, der uns einmal Angst macht vor der Dynamik der kommunistischen Weltrevolution und dann öffentlich darüber nachdenkt, ob das Sowjetsystem demnächst mit einem Knall oder mit einem Winseln verenden wird.

II.

Man hat uns Einäugigkeit vorgeworfen, weil wir uns vor allem an unsere Regierung wenden, nicht an die sowjetische.

Der Grund ist sehr einfach: Wir, die meisten unter uns, haben diese Regierung gewählt, nicht die sowjetische. Sie ist unser Ansprechpartner.

Wenn der Bundeskanzler meint, wir wollten ihn drängen, so hat er recht. Ich frage mich nur: Läßt sich in einer Demokratie ein solches Drängen von der eigenen Wählerbasis her wirklich nicht anders deuten denn als Kampfansage? Ein demokratisches Mandat - und die Regierung hat eines - ist schließlich kein Blankoscheck.

Was die Weltmächte angeht, so halten wir uns weniger an ihre Worte als an ihre Interessen. Und wir vergleichen sie mit den unseren.

Natürlich liegt es im amerikanischen Interesse, von europäischem Boden aus die Zentren des europäischen Rußland zu bedrohen und dies bei einer Vorwarnzeit, die politische Entscheidungen über die sowjetische Reaktion nicht mehr möglich macht. Aber damit wird unser aller Überleben in die Hand von Computern gelegt.

Ein Volk, das ohne jede Reaktion dies alles geschehen ließe, müßte man nicht mehr töten, es wäre schon tot. Deshalb bedeutet Friedensbewegung keineswegs, daß da durch Wohlstand ermüdete und degenerierte Westler sich nicht mehr wehren wollen. Friedensbewegung zeigt, daß die alten Nationen Europas mehr sind als Schachfiguren auf dem Brett der Weltmächte, beider Weltmächte.

III.

Wir feiern hierzulande den Mut der Polen, die sich nicht mehr vorschreiben lassen wollen, wie sie zu leben haben. Ist es so schlimm, wenn wir uns nicht vorschreiben lassen wollen, wie wir zu sterben haben?

Die Europäisierung Europas findet nicht nur an der Weichsel statt, sondern auch am Rhein. Das bedeutet auch: Eine sowjetische Intervention in Polen träfe uns alle.

Auch wir sind dafür, daß die Weltmächte endlich über Mittelstreckenraketen verhandeln. Insofern stützen wir die Regierung. Ich respektiere den Friedenswillen derer, auch in meiner eigenen, der Sozialdemokratischen Partei, die auf dem Weg über den Brüsseler Doppelbeschluß zu Verhandlungen kommen wollen. Es spricht allerdings einiges dafür, daß die Friedensbewegung die amerikanische Verhandlungsbereitschaft mehr gefördert hat als der Brüsseler Beschluß.

Verhandlungen sind gut. Aber das darf nun nicht heißen, daß drei, fünf oder sieben Argumente und Vorwürfe hin- und hergeschoben werden, während die Rüstungsspirale sich weiterdreht.

Wir wollen verhindern, daß während der Verhandlungen das alte Spiel der Nachrüstungen und Nach-Nachrüstungen weitergeht, bis man dann als Ergebnis der Verhandlungen festschreibt, was inzwischen an neuem Vernichtungspotential angehäuft wurde.

IV.

Höchste Repräsentanten unseres Staates haben uns darüber belehrt. Aber wer verbreitet hierzulande seit Jahrzehnten die Russenangst? Wer macht uns Angst, die Amerikaner könnten uns dem russischen Bären zum Fraß vorwerfen, wenn wir nicht artig sind? Wer hat in diesen Wochen dafür gesorgt, daß die Angst vor der Friedensbewegung umgeht? Nein, die hier versammelt sind, haben weniger Angst als Andere.

Wir haben keine Angst davor, daß die Herren im Kreml Tag und Nacht nur darauf sinnen, in Frankfurt oder Marseille die Erfahrungen zu machen, die Ihnen in Danzig und Warschau nicht erspart bleiben.

Wir haben keine Angst davor, gegenüber unseren Verbündeten unsere Meinung und unsere Interessen zu vertreten.

Erhard Eppler

Wir haben keine Angst davor, der Sowjetunion zu sagen, daß sie bei der SS-20 in Zahl und Tempo der Stationierung überzogen hat und daß sie dies korrigieren muß.

Wir haben keine Angst davor, einzugestehen, daß im Angesicht atomarer Bedrohung die Deutschen in beiden Staaten gemeinsame Interessen haben.

Wir haben keine Angst vor dem Schlagwort vom Anti-Amerikanismus. Was ist das für eine Sklavensprache, die das Stirnrunzeln einer fremden Regierung zum politischen Maßstab macht!

Wir haben keine Angst davor, was die Medien über uns reden und schreiben.

Wir haben keine Angst vor moralischer Abqualifizierung durch den höchsten Repräsentanten unseres Staates.

Wir haben keine Angst davor, als Kommunistenknechte diffamiert zu werden. Das ist Gustav Heinemann nicht anders gegangen.

Wir haben keine Angst vor dem Verfassungsschutz. Dessen Vertreter ich herzlich unter uns begrüße.

V.

Angst habe ich nur vor einem: Daß die Friedensbewegung sich selbst diskriminiert.

Wer Frieden will, muß dies in einem täglichen Handeln sichtbar machen. Er darf zum Beispiel Beschimpfungen - und jedem von uns geschieht dies täglich - nicht mit Beschimpfungen vergelten.

Wer schon in Haßgesänge ausbricht, wenn er einem Bundeswehroffizier begegnet, dient nicht dem Frieden. Jeder Stein, der heute geworfen wird, wäre ein Stein gegen die Friedensbewegung. Jede Bombe, die einen Amerikaner treffen soll, trifft uns alle.

Friedensbewegung wird nur mehrheitsfähig, wenn sie nicht ausgrenzt, sondern sich öffnet. Zu ihr gehört jeder, der zu ihr gehören will. Friedensbewegung wird nur mehrheitsfähig, wenn sie zusammenwirkt mit der organisierten Arbeiterbewegung, die seit mehr als einem Jahrhundert für den Frieden wirkt. Und schließlich werden wir nur mehrheitsfähig, wenn Friedensbewegung ansteckend wirkt.

Daher muß dies eine Bewegung sein

- Der Mutigen, nicht der Ängstlichen
- Der Diskutierenden, nicht der Schreienden
- Der Selbstkritischen, nicht der Arroganten
- Der einfallsreich Agierenden, nicht der stumpf Parierenden
- Der Friedlichen, nicht der Gewalttätigen
- Der Fröhlichen, nicht der Fanatischen
- Der Liebenden, nicht der Hassenden.

Wenn wir dies sind, dann wird eines Tages in den Geschichtsbüchern stehen: Die Deutschen haben aus zwei Weltkriegen etwas gelernt.

Heinrich Böll, Erhard Eppler, Uta Ranke-Heinemann (von links nach rechts).

Harry Belafonte

EINE
ATOMFREIE
ZUKUNFT
für unsere
KINDER

Gabi Scherle

Auch Ostermarschierer demonstrierten in Bonn mit.

Hannes Wader

Perry Friedmann

Franz-Josef Degenhardt

General a. D. Nino Pasti. Zuletzt war er der Stellvertreter des Oberkommandierenden der NATO-Streitkräfte in Europa.

William Borm
Das Geschäft mit der Angst

● Da werden Abgeordnete zur Ordnung gerufen, weil sie zur Zusammenarbeit mit allen Bürgern bereit sind, die sich für die Erhaltung des Friedens einsetzen.
● Da nimmt die Bundesregierung das Monopol für sich in Anspruch, sie allein wisse, wie der Friede in Europa gesichert werden könne. Wenn die Bevölkerung dagegen am geheiligten Regierungssitz protestiert, geraten sie in unverständliche, unangebrachte nervöse Hektik.
● Da werden jene, die eigene Ideen zur Friedenspolitik vortragen, diffamiert und bezichtigt, sie besorgten die Geschäfte Moskaus oder, noch schlimmer, sie stünden in dessen Diensten.
● Da wird die Angst geschürt, so als ob Europa tagtäglich von einem heimtückischen Überfall der militärisch dem Westen angeblich haushoch überlegenen Sowjetunion sei.

Hier muß wohl einiges zurechtgerückt werden!

1. Abgeordnete dürfen nicht nur, sie müssen sogar mit allen Bürgern auf allen Gebieten zusammenarbeiten. Sie wurden nämlich als deren Sachwalter gewählt.

2. Auch Minister sind keine Halbgötter, auch Minister können irren, auch sie stehen nicht nur an Wahltagen auf dem Prüfstand.

3. Diffamierungen von Menschen, die in Europa den Frieden sicherer machen wollen, erfolgen wider besseres Wissen. Das ist nicht nur infam, es vergiftet nachhaltig das politische Klima und fördert die Polarisierung. Nicht zuletzt hieran ging die Weimarer Republik zurgrunde.

4. Und endlich das Wichtigste: Das Geschäft mit der Angst!

Seit 1919 – ich bin mit meinen 86 Jahren Zeitzeuge – ist der vulgäre Antikommunismus ein wirksames Politikum zur Disziplinierung. Allerdings trägt die Sowjetunion nicht gerade wenig dazu bei, daß der Virus des Antikommunismus auch heute noch fortwirkt. Ihre Höchstrüstung ist ein Drohpotential auch gegen Europa und das bedeutet Unsicherheit. Unsicherheit aber führt zu Fehlschlüssen und Fehlverhalten und bedroht dergestalt unablässig den Frieden. In einem solchen Klima können Böswillige leicht im Trüben fischen.

Mit großem Nachdruck und um jeden Zweifel zu beseitigen: Ich spreche keinem verantwortlichen deutschen Politiker den Willen zum Frieden ab. Zum Friedenswillen aber bedarf es überzeugender Beweise. Verbale Geschicklichkeit reicht nicht aus. Es geht nicht um das »ob«, sondern um das »wie«. Und hier scheiden sich die Geister!

1. Im Zeitalter der Massenvernichtungsmittel können wir den Frieden nur politisch sichern, nicht etwa durch Auftürmen von immer mehr Atomrake-

William Borm

ten, auch nicht durch Giftgas oder Seuchenerreger. Atomtod allein soll wohl nicht mehr genügen.

2. Soldaten und ihre Waffen sind heute mehr denn je dienende Faktoren der Politik zu deren Absicherung. Für Entscheidungen, die über nachgeordnete militärische Fachfragen hinausgehen, sind sie nicht kompetent.

3. Gewalt oder Gewaltandrohung beseitigen nicht die Vernichtungsgefahr, sie steigern sie bis zur Unkontrollierbarkeit.

4. Krieg zwischen Europäern war schon seit langem Bürgerkrieg. Heute ist jeder Krieg Weltbürgerkrieg.

5. Europa ist weder Atom-Kolonie der USA, noch deren Erfüllungsgehilfe im weltweiten Ringen mit der Sowjetunion um die Macht.

6. Die Entspannungspolitik hat den Frieden in Europa sicherer gemacht, als Divisionen oder Atomraketen es je könnten. Es gibt zur Entspannung weder eine friedenssichernde Alternative, noch gibt es ohne sie eine Lösung irgendwelcher Zukunftsprobleme.

7. Auch in der Sicherheitspolitik folgt soldatisches Denken eigenen Gesetzen, und das sind keineswegs Gesetze des Friedens. Ein Europa frei von Atomwaffen ist heute kaum mehr als eine Utopie, dafür aber unablässig zu kämpfen, ist unser Realismus.

8. Friede ist mehr als die Abwesenheit von Krieg, Friede heißt auch Freiheit und Menschenwürde. Friede heißt Interessenausgleich zwischen West und Ost, zwischen Nord und Süd, zwischen Hunger und Überfluß.

Wer nun kann – besser wer könnte, wer müßte – seinem Selbstverständnis nach dies alles in Politik umsetzen?

Ich bekenne mich dazu, daß ich mit Willy Brandt einer der Gründer der ersten sozial-liberalen Koalition 1963 in Berlin war, mit dem Ziel, dem Frieden nach außen und innen zu dienen! Daran habe ich mehr als 18 Jahre weitergearbeitet. Das darf nicht umsonst gewesen sein.

Wenn heute aus dem friedensorientierten Bündnis der sozial-liberalen Koalition eine Raketenkoalition würde, verlöre sie die Legitimation für ihre Existenz. Die regierende Koalition muß sich um des Friedens willen von ihren Quellen her erneuern. Das mögen auch jene begreifen, die bevorzugt hinter Kanonen Schutz suchen.

Wenn ich unentwegt für einen Frieden eintrete, der mehr ist, als Abwesenheit vom Krieg, dann für eine Zukunft, welche die Eure ist. Wir haben nach 1945 Europa in West und Ost nicht wieder aufgebaut, damit es vom Atlantik bis zum Ural endgültig im Blitz von Atombomben untergehe.

Mit der Forderung, daß von uns aus mit friedlichen Mitteln alles geschieht, um einer solchen Gefahr entgegenzuwirken, haben sich heute 150 000 Menschen aus freien Stücken hier zusammengefunden. Sie sind gewissermaßen delegiert von Millionen, die bisher geschwiegen haben. Diese unsere Forderung wendet sich auch an Moskau. Unsere selbstgewählte Verantwortung nimmt uns niemand ab. Um sie weiterhin tragen zu können, bitte ich Euch: Laßt uns nicht allein. Der 10. Oktober ist Auftakt, nicht Ende im Kampf um Frieden, Freiheit und Menschenwürde!

Grußbotschaften aus dem Ausland

Your movement has been an inspiration to us

»Greetings from the United States. The U.S. peace movement applauds your efforts. We wish to express our deep admiration for the progress you have made. Your movement has been an inspiration to us, and has proven that a massive opposition campaign to the nuclear arms race can and must be built.

The superpower strategy of waging a limited nuclear war on European soil must be forcefully opposed on all fronts. Here in the United States we have been heartened by growing support for a nuclear freeze, and the groundswell of opposition to the MX missile. The citizens of Utah and Nevada won a major basing system and reduced MX missile production.

We are also working to publicize to the American people the growing strength of your movement. The forging of ties between the American and European disarmament communities can only serve to strengthen our two movements.

We pledge our ongoing support and cooperation in the battle to stop the cruise and pershing II missiles. Together we will make sure these weapons are never deployed, and bring an end to the threat of nuclear war.«

Provance, National Disarmament Coordinator – American Friends Service Committee – Clergy and Laity Concerned – Coalition for a New Foreign and Miliary Policy – Riverside Church Disarmament Program – SANE/A Citizens Organisation for a Sane World – Robert Alpern, Director, Washington Office – Uniterian-Universalist Association of Churches in North America – Office for Church and Society – United Church of Christ (U.S.A.) – Women Strike for Peace – Women's International League for Peace and Freedom.

In Gedanken dabei

»Wünschen Euch und uns Gelingen der Kundgebung. In Gedanken dabei, Frauen für Frieden, Bozen, Südtirol.«

Unterstützen die Aktion

»Wir unterstützen Ihre Aktion für den Frieden. Partij van de Arbeid, Abteilung Strijen Holland.«

Gottes Schöpfung vor dem atomaren Holocaust bewahren

»Die christliche Friedenskonferenz, die Kirchen und Christen aus mehr als 80 Ländern auf allen Kontinenten der Welt im Kampf für Frieden und Gerechtigkeit vereinigt, wünscht der Demonstration Gottes Segen und einen erfolgreichen Verlauf. Wir sehen darin weltweit ein Zeichen der Hoffnung, daß es gelingen kann, Gottes gute Schöpfung vor dem atomaren Holocaust zu bewahren. Laßt uns gemeinsam über diesen Tag hinaus im Friedenskampf einander finden, nur so können wir die menschheitsvernichtende Maschinerie aufhalten und uns als Menschheit verwirklichen.«

Gezeichnet: Präsident Bischof Dr. Karoli Toth, Vorsitzender Metropolit Fibaret von Kijew und Galizien, Generalsekretär Pfarrer Dr. Lubomir Mirejovsky.

Für den Frieden in Europa

»Im Namen der flämischen Friedensbewegung sende ich Ihnen solidarische Grüße und wünsche Ihnen viel Erfolg für die Demonstration und für ihre weiteren Bemühungen für den Frieden in Europa.«

Andre Bogaert, Belgien.

Unverzüglich Abrüstungsvorschläge machen

»In Wahrnehmung ihrer staatsbürgerlichen Rechte erklären folgende Lehrer der deutschen Schule Barcelona in Spanien ihre Solidarität mit der Friedensdemonstration vom 10. 10. 1981 in Bonn. Wir protestieren gegen die Vergrößerung des Vernichtungspotentials in der Welt und gegen die geplante Aufstellung von neuen Nuklearwaffen in Europa. Wir fordern die Regierungen auf, energisch und unverzüglich Abrüstungsvorschläge zu machen.«

22 Lehrer der deutschen Schule in Barcelona, Spanien.

Schafft die Atomwaffen aus der Welt

»Wir hatten die größte Friedenskundgebung seit Jahren im letzten Juni in Island. Wir, die Bewegung gegen Militärbasen in Island, begrüßen die Kundgebung in Bonn. Schafft die Atomwaffen aus der Welt, beginnen wir in jedem Land.«

Die Bewegung gegen Militärbasen in Island.

Wir rechnen mit Eurer Anwesenheit in Amsterdam

»Liebe Friedensfreunde! Wir, Mitglieder von Pax Christi Niederlande, beieinander in unserer Jahresversammlung, wünschen Euch viel Erfolg, auch politisch, mit der großen Demonstration gegen die atomare Rüstung und insbesondere gegen die Stationierung der Mittelstreckenraketen in Westeuropa. Wir wissen, daß viele Mitglieder von Pax Christi aktiv mit der Demonstration in Bonn mitmachen. Wir hoffen, daß wir auch auf Eure Anwesenheit rechnen können während unserer Demonstration in Amsterdam am 21. November. Auf Wiedersehen in Amsterdam. Die versammelten Mitglieder von Pax Christi.«

Der Anfang einer Bewegung

»Die Schweizerischen Jungsozialisten grüßen die vielen Tausend Teilnehmer der Friedensdemonstration vom 10. Oktober in Bonn. Die Demonstration hat eine große historische Bedeutung, denn sie ist der Anfang einer Bewegung, die uns zu dem führen kann, was wir uns immer stärker und verzweifelter wünschen: ZUM FRIEDEN!

Unter dem Titel 'Sicherheitspolitik' wird in West und Ost auf- und nachgerüstet. Immer neuere und bedrohlichere Waffensysteme werden entwickelt und bereitgestellt. Bereitgestellt für eine 'Endlösung', welche in einem mehrfachen Overkill nicht nur Mitteleuropa, sondern den ganzen Planeten Erde zu zerstören droht. Pro Minute werden auf diser Erde 2,3 Millionen Dollar in die Rüstungsmaschinerie hineingesteckt. Die Rüstungsindustriellen und ihre Politiker sorgen machtvoll dafür, daß dieser Prozeß auch weiterläuft, während in Entwicklungsländern Millionen von Menschen in äußerster Armut dahinvegetieren und in Industrieländern Sozialleistungen abgebaut werden. Dies können wir auch in unserem Land feststellen, wo unter dem Motto 'mehr Freiheit, weniger Staat' von bürgerlichen Politikern im Namen der Freiheit nach vermehrten Rüstungskrediten geschrieen wird, während sozialdemokratische und gewerkschaftliche Forderungen laufend unter den Tisch gewischt werden.

Von dieser Politik des 'zu Tode Verteidigens im Interesse des Kapitals' haben wir Jungsozialisten genug. Wir wollen angesichts der Bedrohung nicht resignieren, sondern zu aktiver Friedenspolitik aufrufen. Diese soll auf internationaler Ebene koordiniert und in solidarischen Aktionen gestärkt werden. Im eigenen Lande werden wir uns für vermehrte öffentliche Friedens- und Konfliktforschung, und für die Überführung der militärischen in eine zivile Landesverteidigung einsetzen.

Friedenspolitik darf nun aber nicht isoliert betrieben werden. Sie wird nur wirksam zum Tragen kommen, wenn sie in den Zusammenhang mit allen gesellschaftlichen Bereichen gestellt wird, wo die Macht des Kapials die Menschen abhängig macht und zerstört. Wir wollen deshalb die Entwicklung zu noch größeren multinationalen Konzernen, zum Atomstaat, zur Entmündigung kritischer Bürger und zur Zerstörung der natürlichen Umwelt nicht aus den Augen verlieren und parallel mit dem Kampf für den Frieden politisch bearbeiten.

Wir werden trotz allen Diffamierungen, Drohungen und Unterstellungen von Seiten der Mächtigen weiterfahren. Und auch die zwiespältige Haltung der Sozialdemokratischen Partei und der Gewerkschaften wird uns von unserem Weg nicht abhalten können.

Die traditionellen Arbeiterorganisationen müssen sich jetzt entscheiden, wo sie stehen wollen. Nachdem hunderte von Gewerkschaftern und Sozialdemokraten in Deutschland – entgegen den Empfehlungen ihrer Organisationsspitzen – zum massenweisen Besuch der Friedensdemonstration aufgerufen haben, nachdem Leute wie Erhard Eppler von der SPD und Georg Benz von der IG Metall öffentlich an der Demonstration auftreten werden, dürfte es klar sein, welchen Entscheid die Spitzen der Arbeiterbewegung zu treffen haben.

Diese große Teilnahme von Gewerkschaftern und Sozialdemokraten ist für uns Schweizer Jungsozialisten eine große Hoffnung. Auch wenn wir nicht mächtig dabei sein können am 10. Oktober, sind wir mit Euch und allen anderen Teilnehmern solidarisch und rufen:

- Für ein atomwaffenfreies Europa!
- Für Abrüstung und zivile Verteidigung!
- Nie wieder Krieg!«

Die abgedruckten Grußbotschaften aus dem In- und Ausland (s.a. S.87–90) sind aus Platzgründen lediglich eine kleine repräsentative Auswahl.

Thomas Heubeck
Wir sind keine Träumer

Liebe Freunde, hier spricht jetzt einer, der keinen großen Namen hat. Ich bin nicht einmal in der Friedensbewegung bekannt. Ich kann auch nicht besonders gut reden. Ich spreche nur zu Euch als einer, der den Kriegsdienst verweigert hat. In diesen Tagen ist der 500 000. Antrag auf Kriegsdienstverweigerung gestellt worden.

500 000 Kriegsdienstverweigerer seit Bestehen der Bundesrepublik: Das ist eine ganze Armee, die den Militärs davongelaufen ist. Die aber nicht nur einfach davonläuft, die nicht nur Nein sagt zum Krieg, die auch Ja sagt zu Leben und Frieden.

Mir zittern die Knie, wenn ich hier vor dieser großen Zahl von Menschen spreche. Noch mehr gezittert und geschwitzt habe ich vor kurzem. Da waren es nur vier Leute, vor denen ich reden mußte. Aber da mußte ich mein Gewissen auf den Tisch legen. Für einen Kriegsdienstverweigerer gilt ja bekanntlich: erst der Gewissens-TÜV, dann die Prüfplakette.

500 000 Verweigerer, das heißt auch: 500 000 mal moderne Inquisition, menschenunwürdiges Prüfungsverfahren. Wir fordern deshalb die Abschaffung der Gewissensprüfung, sofort und bedingungslos! Wir fordern unser Grundrecht, unser Menschenrecht auf Kriegsdienstverweigerung!

Die Herren, die unser Grundrecht beschneiden wollen, mußten erkennen, daß man Gewissen nicht manipulieren kann. Sie können es drehen und wenden, wie sie wollen: immer mehr machen nicht mehr mit. Auch immer mehr Soldaten und Reservisten verweigern, weil sie sich nicht die Hände blutig und schmutzig machen wollen an der angeblich so sauberen Neutronenbombe. Weil sie den Aufrüstungswahnsinn, der uns als Nachrüstung verkauft wird, nicht mehr mitmachen wollen. Weil sie erkennen, daß wir mit Krieg heute nicht, aber auch gar nichts mehr gewinnen können.

Wer sich als Pazifist der Rüstungspolitik verweigert, der ist kein Drückeberger. Er ist vielleicht mehr Patriot als jene, die unser Land dem atomaren Holocaust ausliefern wollen. Der Herr Apel mag uns Pazifisten als naive Spinner beschimpfen. Wir wissen, daß es nicht nur politische Moral ist, sondern auch politische Vernunft, heute den Griff zu den Waffen zu verweigern. Wir sind die Realisten, denn wir handeln aus der Einsicht in die Realität eines Krieges. Wir wissen, daß Friede nur ohne Waffen möglich ist. Wir wissen, daß es für die Menschheit heute nur noch einen Sieg geben kann: die Abrüstung!

Wir dürfen den Frieden nicht den Politikern überlassen. Wir müssen uns einmischen. Mit meiner Kriegsdienstverweigeung trete ich ein für eine Politik der Vernunft, gegen den NATO-Doppelbeschluß, für sofortige und ernsthafte Verhandlungen. Wenn ich den Frieden will, kann ich mich aber auf meiner Verweigerung nicht ausruhen. Wenn ich mich selbst ernst nehme, muß ich aktiv für den Frieden arbeiten. So bin ich zum Beispiel Mitglied der DFG-VK geworden und engagiere mich in der Friedensbewegung.

Liebe Freunde!

Nicht wir Pazifisten sind die Träumer, sondern die angeblichen Realisten, die mit ihrer Rüstung auf Kosten unseres Lebens den Frieden gefährden! Aber wir haben unsere Träume, die man auf die Formel bringen kann: Stell Dir vor, es ist Krieg, und keiner geht hin. Es ist noch ein weiter Weg, bis diese Vision Wirklichkeit wird. Aber ich bin heute, nach diesem Erlebnis von Bonn, zuversichtlicher als je, daß wir es schaffen werden. Wir alle gemeinsam.

Vielen Dank.

Thomas Heubeck hielt seine Rede stellvertretend für die über 500 000 Kriegsdienstverweigerer in der Bundesrepublik.

Robert Jungk
Für den größeren Frieden zwischen Mensch und Natur

Meine Vorredner haben vom nahen und möglichen Krieg gesprochen. Ich will von einem anderen Krieg sprechen, der schon begonnen hat, in dem wir mitten drin stehen: dem großen Krieg gegen die Umwelt, dem globalen Krieg, der die Zerstörung unserer und unserer Nachkommen Lebensgrundlagen Stunde um Stunde, Tag um Tag, Woche um Woche, Monat um Monat, Jahr um Jahr unaufhörlich vorwärtstreibt.

Die Umweltbewegung, für die ich hier spreche, kämpft für einen Friedensschluß der Menschen mit der Natur, für ein Ende der Ausbeutung und vernichtung des einzigartigen Planeten Erde, mit dem Ziel der Machtvergrößerung und Bereicherung kleiner egoistischer Eliten in West und Ost, in Nord und Süd. Wenn es um die Plünderung der Rohstoffvorräte zu Lande und zu Wasser geht, dann kennen die sonst so pingeligen Technokraten keine politischen Berührungsängste. Dann wird mit Champagner oder Krimsekt zufrieden auf die neuesten Kooperationsverträge angestoßen und man spricht, wie kürzlich erst, als Graf Lambsdorf die Sowjetunion besuchte, von gemeinsamen Eroberungsfeldzügen zur Erschließung der Weiten Sibiriens.

Ein beträchtlicher Teil des Raubbaus an den noch verfügbaren Ressourcen der Erde wird von der Rüstung verschlungen. Im Laufe der letzten Jahrzehnte hat sich weltweit der Rohstoffbedarf der Militärs verdreißigfacht. Allein die Erdölverschwendung für militärische Zwecke beträgt mit 750 bis 800 Millionen Barrel pro Jahr das Doppelte des zivilen Verbrauchs für ganz Afrika.

Die Bewaffneten Streitkräfte in aller Welt betonieren jährlich tausende von Quadratkilometern, sperren ganze Landschaften hinter Stacheldraht ein, wühlen die Erde an zahllosen Stellen auf, um darin ihre Munitions-, Raketen- und Sicherheitsbunker einzugraben. Sie verpesten die Luft mit den Abgasen ihrer Flugzeuge und Tanks, erfüllen den Himmel mit dem Dröhnen und Pfeifen ihrer Motoren, verschmutzen die Meere mit den Ölrückständen ihrer Kriegsschiffe und Unterseeboote. Aber diese todbringenden »Siege« über Wälder und Blumen, über Vögel und Wild, über Wolken und Wind, über Algen und Fische sind vergleichsweise harmlos, wenn wir an die zunehmende Vergiftung der Ökosphäre durch die von der Atomindustrie und den nuklearen Waffenschmieden freigesetzte Radioaktivität denken. Tausende von Tonnen des hochgiftigen Plutoniums werden produziert. Kann das ohne Folgen für die Menschheit bleiben?

Im Unterschied zu allen anderen Eingriffen, unter denen die Umwelt zu leiden hat, sind die Folgen der radioaktiven Vergiftung ungleich schwerer. Denn sie sind »irreversibel«, das heißt praktisch nicht wieder zu beseitigen.

Diese Schadens-Wirkungen werden noch nach Jahrzehnten, Jahrhunderten, vielleicht sogar Jahrtausenden spürbar sein.

Die internationale Umweltbewegung hat seit Jahren darauf hingewiesen, welche ungeheuren Gefahren für die Menschheit vom gesamten Nuklearkreislauf der zivilen Atomenergienutzung ausgehen, angefangen von der Ausrottung von Naturvölkern bei der Uransuche bis zu den immer noch nicht gelösten Problemen der Beseitigung des Atommülls und den jährlich hundertfach auftretenden Störfällen in den Anlagen der Kernkraftindustrie. Wir haben gewarnt und warnen weiter vor der, trotz aller, viel zu schwachen, internationalen Verträge und Kontrollen, unvermeidlichen Weiterverbreitung von Atomwaffen. Und wir müssen jetzt auf eine neue Gefahr aufmerksam machen, die bisher noch viel zu wenig beachtet worden ist: Den Schritt von der zivilen zur militärischen Nutzung der Chemie.

Im Zuge der sogenannten Modernisierung der Massenvernichtungsmittel bereitet die amerikanische Regierung zur Zeit ein Programm zur Aufrüstung mit chemischen Kampfstoffen vor. »Nature«, die führende englische Wissenschaftszeitschrift, berichtete am 1. Oktober, daß im Laufe der kommenden fünf Jahre nicht weniger als acht Milliarden Dollar zur Schaffung eines Arsenals »verbesserter« Kampfgase bereit gestellt werden sollen. Die konservative Zeitschrift »News and World Report« berichtete am 5. Oktober, daß die Führung der in Europa stationierten amerikanischen Truppen vor allem darüber klage, daß man ihr bisher die Erlaubnis für die schnelle »Modernisierung eines offensiven chemischen Arsenals verweigert habe«.

Dieses durch internationale Verträge bisher noch abgesicherte Verbot der chemischen und biologischen Waffen soll also nunmehr unterlaufen werden. Wird die Bundesregierung im Zuge der Nachrüstung auch dabei mitmachen müssen? Werden wir bald alle, zu »unserem Schutz« selbstverständlich, mit Gasmasken ausgerüstet werden?

Gegen diese wahnsinnige Welt, die schon im »Frieden« ständig gegen vorangetriebene Zerstörung, die schließlich auch ohne offenen Waffenkampf im Untergang der Menschheit enden müßte, wehren sich heute alle diejenigen, die nicht resignieren wollen. Ihre Zahl wächst auf der ganzen Welt, glücklicherweise auch endlich im Ostblock. Diese Überlebensbewegung ist mächtiger und breiter angelegt als die Arbeiterbewegung der letzten Jahrzehnte, weil alle von der fortschreitenden Umweltverschlechterung auf dem Land, in den Städten, in ihrer körperlichen und geistigen Gesundheit Betroffenen, die Hetze, den Streß und die Verschlechterung ihrer Lebensumstände nicht länger hinnehmen wollen und nun endlich auch politisch aktiv geworden sind.

Wir sollten heute auch an die Menschen denken, die nur ein paar Stunden von hier entfernt bei Tag und Nacht, bei Regen und Wind versuchen, die Opferung einer Landschaft im Dienste des zivilen und militärischen Flugverkehrs zu verhindern: Die Gegner der Startbahn West am Frankfurter Flughafen. Sie wären heute bei uns, wenn sie nicht dort um jeden Baum, um jedes Stück Wiese gegen die legalisierte Gewalt der »Weißhelme« Widerstand leisten müßten. Ihnen gilt unser Gruß und unsere Bewunderung.

Robert Jungk

Großdemonstrationen wie diese sind Mahnzeichen, sind Versuche der Bürger, die sonst von den Mächtigen nicht mehr gehört und gesehen werden, sich kräftig bemerkbar zu machen. Aber wichtiger noch ist die tägliche Kleinarbeit der Friedensbewegung im Alltag. Bitte redet nicht nur mit denen, die schon überzeugt sind, sondern wagt es alle jene anzusprechen, die noch zögern, die gar nicht oder falsch informiert sind. Es kündigt sich eine große Wende an, ein anderes Verhältnis von Mensch zu Mensch, von Mensch zu Natur. Und Ihr seid dabeigewesen als es begann.

Helmut Ridder
Wir können den Krieg verhindern

Liebe Freunde, Bürger unserer deutschen Republik, meine Damen und Herren! »Entspannung und Abrüstung gehören zusammen!« - Gern nehme ich diesen mir von den Veranstaltern zugereichten Satz auf, läßt sich doch schon sein durch und durch politischer Inhalt erkennen, daß unser Kampf für den Frieden - unbeschadet der unterschiedlichen religiösen, ethischen und ideologischen Motivation seiner Teilnehmer - ebenfalls ein durch und durch politischer sein muß. Wir sind also »parteilich«. Was wir hier heute erleben und durch unser eigenes Tun verwirklichen, ist demokratischer, verfassungsmäßiger Widerstand gegen das Verhalten von Amtsträgern, die in einer Stunde höchster Gefahr für unser Land und ganz Europa weder zwischen demokratischem Mandat und Herrschaft mehr unterscheiden, noch die Struktur und die Größe dieser Gefahr erkennen können (und das hängt natürlich miteinander zusammen). Was wir in dieser Lage tun, ist ein entscheidender Schritt aus den zu witz- und wirkungslosem Gelaber verkommenden allgemeinen »Abrüstungsappellen an West und Ost« - so was hat die Rüstungsmafia nur zu gern, weil es Dampf abläßt - ein entscheidender Schritt zu der konkreten Forderung, die Rüstungsspirale hier und jetzt durch den Verzicht auf das zu durchbrechen, was in bundesdeutscher Nebelwerfersprache »NATO-Doppelbeschluß« heißt.

Man hat (nicht nur) den Initiatoren des »Krefelder Appells«, die als erste vor einem Jahr mit dieser Forderung an die Öffentlichkeit traten und damit die Tradition der bundesdeutschen Friedensbewegung aufnahmen, den Vorwurf sowjetisch-kommunistischen Gelenktseins und entsprechender Einseitigkeit gemacht. Dazu nur ganz kurz und ohne hier auf den aus der journalistischen Gosse und (in Ermangelung von Argumenten) von subalternen Westentaschen-Macchiavellisten gespeisten ersten Teil einzugehen: Spätestens, wenn das Haus brennt - und in unserem deutschen und europäischen Haus züngeln schon jetzt die Flammen um die Abschußrampen! - und wenn es dann einen sicheren Rettungsweg gibt, spätestens dann muß Schluß sein mit der Praxis einer Apartheidspolitik, deren unheilige Einfalt die Benutzung gerade dieses einzigen Weges verbieten will, weil der politische Gegner ihn empfiehlt. Wir sind nicht so pro-kommunistisch, daß wir den Kommunisten das Denkmonopol einräumen und selbst zu Schrumpfdenkern werden, die nicht mehr erkennen und nachvollziehen können, was - seit dem Bombenabwurf auf Hiroshima - im atomaren Rüstungswettlauf jeweils Ursache und - sei es kluge, sei es auch unkluge - jedenfalls aber Reaktion gewesen ist, wer begonnen und wer nachgezogen hat.

Wir sind – durchaus mit dem so oft empfohlenen Augenmaß – nur so prokommunistisch, wie wir, bei aller demokratischen »Einseitigkeit«, pro-sozialdemokratisch, pro-freidemokratisch, pro-christdemokratisch, pro-konsevativ und pro-amerikanisch sind.

Das sei erläutert:

War das Ausscheiden von Gustav Heinemann aus der Regierung Adenauers wegen der von diesem hinterrücks betriebenen Wiederbewaffnung unseres Landes vielleicht kein einseitiger, kein »parteilicher« Akt? Wird über ihn, den nachmaligen Bundespräsidenten, nur deswegen nur Gutes geredet, weil er tot ist und deswegen den Kretinismus des ganzen »Doppelbeschluß«-, »Gleichgewichts«- usw. Gequatsches nicht mehr stören kann? Wir sind für die SPD, die seiner würdig ist und aus seiner Mitgliedschaft bei ihr nicht nachträglich einen wechselseitigen historischen Irrtum macht.

Wir sind für die FDP der Borm, der Döring und der Pfleiderer, die heute unter uns ist.

Wir sind für die CDU/CSU, die so hinreichend »altmodisch« ist, daß sie das »C« in ihrem Namen ganz groß schreibt; ein bißchen lesen muß sie freilich auch noch können. Sie lese dieses: »Die Menschen sollten überzeugt sein, daß der Rüstungswettlauf ... kein sicherer Weg ist, den Frieden zu sichern und daß das daraus sich ergebende sogenannte Gleichgewicht kein sicherer und wirklicher Friede ist«, die Kriegsursachen nur vermehrt und noch in andere Erdteile hineinträgt. So der unvergeßliche und unvergessene XXIII. Johannes (aus der Pastoralkonstitution »Gaudium et spes« des II. Vatikanischen Konzils vom 7. 12. 1965 über »neue« (!) Wege der Friedenssicherung), über den die Gehirne und die Gewissen ertränkenden ideologischen Gleichgewichts- und Ausgewogenheitsfusel, der uns aus nie leer werdender Flasche immer wieder nachgeschenkt wird.

Wir sind, solange das Militärische nicht total zum Abfallhaufen der Geschichte geworfen werden kann, für die Rückbesinnung auf das aufgeklärte konservative Genie eines Clausewitz, der das Militärische einer rationalen und humanen Politik unterwerfen wollte, und damit für ein Amerika, dessen Regierung sich nicht mehr von den waffentechnischen Möglichkeiten, die entmenschte Expertengehirne ausbrüten, erpresserische außenpolitische Ziele definieren und diktieren läßt, um ihrerseits verbündete Regierungen zu erpressen (die dann erstaunlicherweise die Bergpredigt so wörtlich nehmen, daß sie sich gleich für die nächste Ohrfeige anstellen). Eine solche Politik kann niemals Entspannungspolitik sein; und sie muß auch zwangsläufig den Krieg als eine reale Möglichkeit einkalkulieren, heute den bewußten »regional (nämlich auf Europa) begrenzten« atomaren Krieg. Vor dreißig Jahren, damals als Gustav Heinemann ging, hat eine schon ähnliche Politik – noch weitab von Europa – erfolgreich den Korea-Krieg inszeniert, um ihre europäische Suppe zu kochen. Heute ist es diese Politik, die, wie niemand anders mehr, nach einer sowjetischen Intervention in Polen geradezu giert: Dann nämlich möchte die Gang aufräumen – in Cuba, in ganz Mittel- und Südamerika, in Angola und ganz Afrika usw.; das Schicksal dieses zentraleuropäischen Landes interessiert diese Menschenverächter für keine zwei Pfennige,

Helmut Ridder

aber mit einer Flut der Krododilstränen ließe sich den abermals erfolgreich und diesmal bis ins Mark geschockten Westeuropäern gleich das X-fache des bisherigen satanischen Waffenarsenals anschwemmen; und aus den schon züngelnden Flammen würde heller Brand.

Liebe Freunde! Bilden wir in diesem, unserem Land die Solidarität, die das verhindert! Die verhindert, daß jene Macht sich mit den nicht ausgestorbenen Kräften in unserem Lande verbündet, in deren aberwitziger Fantasie der III. Weltkrieg die Fortführung des II. zum »Endsieg« wäre! Denen der Frieden die Fortsetzung des Krieges mit anderen Mitteln ist! Wir können es verhindern, wenn wir die intellektuelle Kraft des Wissens und Durchschauens der Zusammenhänge und die moralische Kraft unseres Gewissens zusammenfügen und zusammenhalten!

Das Nein von Bonn
Frei nach Wolfgang Borchert

Du Mann, Du Frau an der Maschine und in der Werkstatt. Wenn sie dir morgen befehlen, du sollst keine Wasserrohre und keine Kochtöpfe mehr machen – sondern Stahlhelme und Maschinengewehre, dann gibt s nur eins:
Sag nein!

Du Junge, Du Mädchen hinterm Ladentisch und im Büro. Wenn sie dir morgen befehlen, du sollst Granaten füllen und Zielfernrohre (für Scharfschützengewehre) montieren, dann gibt es nur eins:
Sag nein!

Du Besitzer der Fabrik. Wenn sie dir morgen befehlen, du sollst statt Puder und Kakao Schießpulver verkaufen, dann gibt es nur eins:
Sag nein!

Du Forscher, Du Forscherin im Laboratorium. Wenn sie dir morgen befehlen, du sollst einen neuen Tod erfinden gegen das alte Leben, dann gibt es nur eins:
Sag nein!

Du Dichter, Du Dichterin in deiner Stube. Wenn sie dir morgen befehlen, du sollst keine Liebeslieder, du sollst Haßlieder singen, dann gibt es nur eins:
Sag nein!

Du Arzt, Du Ärztin am Krankenbett. Wenn sie dir
morgen befehlen, du sollst die Männer
kriegstauglich schreiben, dann gibt es nur eins:
Sag nein!

Du Pfarrer, Du Pfarrerin auf der Kanzel. Wenn sie
dir morgen befehlen, du sollst den Mord segnen
und den Krieg heilig sprechen, dann gibt es nur
eins:
Sag nein!

Du Richter, Du Richterin im Talar. Wenn sie dir
morgen befehlen, du sollst zum Kriegsgericht gehen,
dann gibt es nur eins:
Sag nein!

Du Mann auf dem Dorf, Du Mann in der Stadt.
Wenn sie morgen kommen und dir den
Gestellungsbefehl geben, dann gibt es nur eins:
Sag nein!

Du Abgeordneter, Du Abgeordnete des Deutschen
Bundestages und Du Mitglied der Deutschen
Bundesregierung, wenn man deine Zustimmung zur
Stationierung von Pershing II und Cruise Missiles
haben will, dann gibt es nur eins:
Sag nein!

Du Abgeordneter, Du Abgeordnete des Deutschen
Bundestages und Du Mitglied der Bundesregierung,
wenn man eines Tages deine Zustimmung zur
Stationierung der Neutronenbombe auf deutschem
Boden haben will, dann gibt es nur eins:
Sag nein!

Du Steuerzahler, Du Steuerzahlerin, wenn man dein Geld mißbraucht für Rüstungswettlauf und Kriegsvorbereitung, statt es auszugeben für Friedensarbeit, soziale Leistungen und weltweite Gerechtigkeit, dann gibt es nur eins:
Sag nein!

Ihr Mütter und Väter in allen Erdteilen. Mütter und Väter in der Welt, wenn sie morgen befehlen, ihr sollt Kinder bekommen, Krankenschwestern für Kriegslazarette und neue Soldaten für neue Schlachten, Mütter und Väter in der Welt, dann gibt es nur eins:
Sagt nein!

Auch Soldaten beteiligten sich an der Friedensdemonstration in Bonn.

Petra Kelly
Wir lassen uns nicht zu Tode verteidigen

Meine lieben Schwestern und Brüder! Liebe Friedensarbeiter! »Wir lassen uns nicht zu Tode verteidigen!« (K. Bechert)

Diese bundesweite, europäische gewaltfreie Demonstration ist ein Ausdruck unseres Mißtrauens, unserer Kritik bezogen auf diese Bundesregierung, angeführt von Bundeskanzler Helmut Schmidt! Dies ist sehr wohl eine Anti-Schmidt-Demonstration - eine Kundgebung, eine gewaltfreies Widerstehen gegen Militarisierung und Nuklearisierung im Osten wie im Westen! Helmut Schmidt sagte 1958: »Der Kampf gegen die Atomrüstung muß weitergehen« - 1977 gab er endgültig diesen Kampf auf, da er die sogenannte Raketenlücke entdeckte und uns dadurch zur vorgeschobenen Atomkolonie der Vereinigten Staaten, der NATO gemacht hat!

Die politische Landschaft wird sich morgen verändern!

Ich fordere, wir fordern, daß Helmut Schmidt zurücktreten und seinen Platz seinem Parteigenossen Erhard Eppler überlassen soll!

Die USA hat im Interesse ihrer eigenen Sicherheit sozusagen »gekniffen« - wir sind die atomaren Geiseln -, die sich zum Preis ihrer Selbstvernichtung atomar verteidigen sollen.

Nach dem Grundgesetz haben Helmut Schmidt und Hans Apel »Pazifisten« zu sein - doch wird heute diese unabhängige Friedensbewegung - wie zum Beispiel der Krefelder Appell, getragen von 1,5 Millionen Menschen, unter den gleichen Verdacht genommen (von Seiten der SPD) wie ihm dereinst in den fünfziger Jahren die Sozialdemokraten selber ausgesetzt waren. Wir wollen aber aus dem weltumspannenden, waffenstarrenden Irrenhaus ausbrechen - wir wollen kein Feindbild, wir wollen nicht das Fußvolk einer Raketenpartei sein; wir wollen auch keine Lebens- und Produktionsweise, die auf dem unablässigen Zufluß von Rohstoffen aufbaut und in verschwenderischer Weise damit umgeht und das Motiv für die gewaltsame Aneignung fremder Rohstoffe liefert.

Wir in der Ökologiebewegung, die auch hier nicht genügend auf dem Podium vertreten sind, fordern einen selbstgenügsamen Umgang mit den Rohstoffen in einer ökologischen Lebens- und Wirtschaftsweise, so daß in unserem Namen keine Gewaltpolitik mehr von den Herren da oben betrieben werden kann. Darum sollen die infantilen alten Männer im Weißen Haus und im Kreml endlich ihr Kriegsspielzeug niederlegen!

Diese Erde hat keinen Notausgang - schon heute sind Militär und Rüstung die größten Verschwender von Energie, Rohstoffen, menschlicher

Phantasie und Arbeit, von Gütern, die bei der Rettung von Hungernden und bei der Förderung sozialer Gerechtigkeit fehlen?

Atomare und chemische Waffen entfalten ihre verheerende Wirkung nicht erst beim Einsatz im Kriegsfall, sondern machen uns schon heute zu Krebsopfern ... bringen uns schleichend um, da es keinen Schutz vor Radioaktivität gibt! Durch Lecks, Transportunfälle, Bedienungsfehler können diese Waffen ausgelöst werden!

Wir lehnen atomare Bomben und Reaktoren überall ab - sie sind nicht voneinander zu trennen - auch zivile Atomanlagen können der Verbreitung von Atomwaffen dienen, fördern die Gefahr eines Atomkrieges!

Dank der zahlreichen AKWs bei uns und anderswo besteht aber auch die »Chance« aus einem ganz gewöhnlichen, konventionellen Krieg einen Atomkrieg zu machen!

23 Unterzeichner der DDR und 150 Menschen aus der BRD haben zusammen mit Robert Havemann einen offenen Brief an Leonid Breschnew adressiert In diesem Brief haben wir darauf hingewiesen, daß die beiden Teile Deutschlands der Blockkonfrontation zu entziehen sind!

Kriegsgefahr ist nicht nur aus den Massenvernichtungsmitteln heraus zu begründen, sondern aus den Interessen die hinter den Waffen stehen. Aber während Menschen überall neue Wege aufzeigen wollen - um das Irrenhaus der Politiker mit zuviel Panzer und zuwenig Gehirn zu verlassen - droht uns, ob in Brokdorf oder Nürnberg oder Berlin, ein elementarer Angriff auf unsere Grundrechte (freie Meinungsäußerung)!

Darum kündigen wir unseren Gehorsam nicht nur der verlogenen Sprache auf - aber auch den verlogenen Apparaten in diesem Staat! Wir tun dies gewaltfrei - im Sinne des massiven Ungehorsams in der Tradition Gandhis und Martin Luther-Kings und Bertha von Suttners. Wir verweigern unser Geld, unsere Produktionskraft, unsere Wählerstimme, den Kriegsdienst, wir Frauen passen auch unter keinen Helm (weder Kochtopf noch Stahlhelm)! Wir verweigern unsere Arbeitsplätze - wir verweigern auch die Alufolie von Innenminister Baum im Falle einer atomaren Katastrophe und wir verweigern den verlogenen Zivilschutz!

In Dernau finden die oberen 6 000 Politiker und Generäle Platz in einem angeblich atombombensicheren Bunker - das heißt nur im Ernstfall, doch heißt dies, daß die Abschreckung nicht funktioniert.

Gewaltfrei - gehen wir den Weg in die »nicht-militärische Verteidigung« - denn jede Waffe tötet - und das Leben ist unteilbar - die Unversehrtheit menschlichen Lebens steht für uns an erster Stelle. Wie zur Zeit auf dem Gelände der Startbahn West in Frankfurt (mit militärischen Implikationen) stehen wir als gewaltfreie »Ungehorsame« mit unserer ganzen Person für den Gesetzesbruch aus Gewissensgründen ein - nehmen eher Gewalt und Strafe gegen uns in Kauf, als selbst gewalttätig zu werden oder durch passives Nichtstun an der Gewalt anderer mitschuldig zu werden!

Der Weg:

- Keine Nachrüstung in diesem Land
- Auflösung aller Militärblöcke

- Kalkulierte Vorleistung und einseitige Abrüstungsschritte in jedem Land
- Entmilitarisierung in allen Lebensbereichen
- Ein ABC-waffenfreies Europa
- Alternative Produktion

Von den 360 000 noch lebenden Atombombenopfern aus Japan bringe ich Euch vom August '81 von meiner Reise mit Gert Bastian nach Japan die Botschaft – daß wir den Mächtigen überall das Recht absprechen müssen unsere Sicherheit zu besorgen.

Diese Friedens- und Ökologiebewegung darf nicht vereinnahmt werden. Wir sind eine autonome Kraft – und am 23. 11. 81 sind wir wieder da – um Herrn Breschnew dasselbe mitzuteilen!

Die Totenscheine für den 3. Weltkrieg sind schon gedruckt. Unser »Totalausfall« ist bürokratisch geregelt.

Im Sinne von Professor Karl Bechert, unserem verstorbenen Mitkämpfer, möchte ich an Euch appellieren: »Laßt Euch nicht, lassen wir uns nicht zu Tode verteidigen!«

Petra Kelly

Gert Bastian
Wer Pershing sagt, muß keineswegs SS-20 sagen

Wir sind heute zusammengekommen, um den Machthabern in West und Ost, die ihre Macht mißbrauchen und immer mehr Waffen anhäufen, anstatt die Probleme der Menschheit gewaltlos zu lösen, den Gehorsam aufzukündigen und unüberhörbar entgegenzurufen, daß wir nicht länger gewillt sind, unsere Zukunft ihren verderblichen Parolen von Abschreckung und militärischem Gleichgewicht anzuvertrauen.

Dabei wenden wir uns in erster Linie an die eigene Regierung, mit deren Politik wir nicht einverstanden sind. Doch fallen wir ihr nicht heimtückisch in den Rücken, wie die ewigen Scharfmacher behaupten, die sich nicht entblöden, auf faschistisches Vokabular zurückzugreifen, um demokratisch handelnde Deutsche zu verleumden. Aber wir fallen unserer Regierung entschlossen in den Arm, solange sie ihn nach neuen Nuklearwaffen ausstreckt, worauf ihre Politik hinausläuft, wie immer die Absichten auch sein mögen. Wir halten nämlich nichts davon, Rüstungsverzicht nur von anderen zu fordern, selbst aber die nukleare Aufrüstung zu beschließen.

Und wir lassen uns nicht länger weismachen, daß es eine »Vorrüstung« im Osten gebe, die zur »Nachrüstung« im Westen zwingen würde, denn die Tatsachen widerlegen dieses Märchen, wenn man sie in ihrer Gesamtheit bewertet und nicht nur die zur eigenen Absicht passenden Ausschnitte herausgreift.

Darum bedanken wir uns für das Geschwätz jener Niggemeiers und Co., die uns Einseitigkeit vorwerfen, weil wir vor der eigenen Tür zu kehren beginnen, während sie selbst bedenkenlos zu allem nicken, was in Bonn und Washington für klug gehalten wird, und kein Wort über die Einseitigkeit derer verlieren, die dort mit fadenscheinigen Argumenten und nur halbwahren Dokumentationen zwar die Rüstung des Ostens überzeichnen, aber die im Geldwert höheren Rüstungsaufwendungen des Westens unterschlagen.

Wer Pershing sagt, muß eben keineswegs auch SS-20 sagen, denn zwischen diesen gleichermaßen abzulehnenden Rüstungsschritten gibt es keinen ursächlichen Zusammenhang. Doch wer SS-20 sagt, der muß auch Polaris und Poseidon sagen, wenn er ehrlich bleiben will, weil dies die vergleichbaren Nuklearpotentiale sind, mit welchen Tricks auch immer man das zu verschleiern sucht. Natürlich wenden wir uns auch gegen diese Nuklearwaffen in Ost und West, in deren Schatten wir nicht länger leben wollen, weil wir nicht glauben, daß der angedrohte Völkermord den Frieden erhalten kann.

Darum fordern wir mit Nachdruck, daß sämtliche schon jetzt bei uns lagernden sowie Europa vom Atlantik bis zum Ural bedrohenden Nuklearwaffen beseitigt werden. Und wir begrüßen es, wenn Verhandlungen mit diesem Ziel jetzt endlich in Gang zu kommen scheinen, was freilich mehr dem Widerstand der Europäer gegen neue Nuklearwaffen, als der Weisheit ihrer Regierungen zuzuschreiben ist.

Aber wir lehnen es kategorisch ab, für den Beginn solcher Verhandlungen mit ungewissem Ausgang den viel zu hohen Preis eines deutschen Einverständnisses zur nuklearen Aufrüstung Westeuropas und vor allem unseres Landes zu bezahlen. Wer uns das als guten Handel andrehen will, kann nicht mit unserer Zustimmung rechnen, sondern stößt auf unseren kompromißlosen Widerstand!

Wir sehen in ihm keinen vertrauenswürdigen Sachwalter unserer Interessen, sondern den Totengräber unserer Vorstellungen vom friedlichen Zusammenleben der Völker. Deshalb werden wir ihm den Spaten aus der Hand nehmen, um endlich den Graben zuzuschütten, der die Welt und unser Land teilt, und den jene nur immer noch tiefer machen, die mit ihrem Mißtrauen, ihrer Verblendung und ihrem Antikommunismus, den schon Thomas Mann die Grundtorheit unserer Epoche genannt hat, auch unser Leben vergiften.

Die Friedenssicherung durch Aufrüstung hat ebenso ausgedient wie jede auf militärisches Denken fixierte Politik! Abrüstung statt Abschreckung lautet deshalb unsere Devise. Für sie demonstrieren wir heute. Um sie schließen wir uns gegen jeden Versuch, unsere Bewegung zu spalten, nur umso fester zusammen! Und mit ihr überwinden wir den Wahnwitz derer, die unsere Welt zu Tode rüsten, wenn wir sie nicht daran hindern, wozu wir deshalb mehr denn je entschlossen sind!

General a. D. Gert Bastian

Uta Ranke-Heinemann
Wir wollen den Völkern den Frieden erklären

Im August 1981, einem Jahr des Herrn, verkündete ein anderer Herr den Befehl zum Bau von Neutronenbomben. Es war ein Tag, an dem viele Menschen in der Welt der Opfer jener beiden ersten Nuklearbomben gedachten, die auf Befehl eines ebensolchen Herrn auf Menschen geworfen wurden. So wurde eine Totenklage zum Bombenjubiläum.

Denn auch eine Atombombe hat für manche Herren ihre zwei Seiten. Sie sehen nicht nur die Opfer, sie sehen auch die gute Sache, für die sie geworfen werden. Der Herr amerikanische Außenminister, »der neue Alexander« laut unserem Herrn Bundeskanzler – der alte Alexander war ein Kriegsheld und Welteroberer und selbsternannter Gott –, dieser neue Kriegsgott also hat uns in Berlin in bewegenden Worten das Menschenbild des freien Westens geschildert. Ich würde es umreißen mit den Begriffen: Freiheit, Menschenrecht und Menschenwürde und nicht zuletzt Frieden. Und für dieses Menschenbild sind die Bomben gefallen. Man kann also jene Bomben durchaus Friedenswaffen nennen. Und solcher Friedenswaffen braucht man sich nicht zu schämen. Auch ein Atompilz kann eine Fahne sein, die uns voranweht auf dem Weg zu neuen Friedensbomben.

Theoretisch kann man auf zweierlei Weise sich um den Frieden bemühen, mit atomaren Bomben und ohne solche Bomben. Die Frage ist nur, welches die bessere Weise ist. Jesus hat die selig gepriesen, die den Frieden schaffen. Aber er hat leider vergessen zu sagen, ob er die mit Bomben oder die ohne Bomben meint. Da sind wir also auf's Raten angewiesen. Die Kirchen sagen: sowohl als auch. Man sieht, sie wissen auch nichts genaues. Aber die maßgebenden Politiker wissen es genau. Sie sagen: Die Methode ohne Bomben ist falsch, das ist überhaupt keine Methode. Das ist Spinnerei und Illusion. Das ist Utopie. Und die, die Frieden ohne Bomben vertreten, sind von Moskau ferngesteuert. Da habe ich mich geschämt, denn ich neige auch dazu, so etwas zu denken. Aber nun möchte ich aufhören zu denken. Denn ich will nicht von Moskau ferngesteuert sein. Und wenn mir doch die schwarzen Gedanken kommen und ich an die Opfer jener ersten Bomben und an die unendlich große Zahl der Opfer der kommenden Bomben denke und mir Tränen in die Augen treten wollen, dann dränge ich sie zurück, weil ich Angst habe, meine Tränen könnten von Moskau gesteuert sein.

Aber, daß die Welt voller Bomben ist, soll uns ja beruhigen. Die Sprengkraft reicht aus, um hochgerechnet 100 Milliarden Menschen umzubringen. Die Frage ist nur, wo kriegen wir so viele Menschen her? Es ist ja inzwischen kein Mangel an Waffen mehr, die Menschheit zu vernichten. Es reicht vielmehr die Menschheit, die vernichtet werden könnte, nicht mehr für die Waffen aus. Statistisch gesprochen klafft die Schere zwischen aktivem und passivem Vernichtungspotential immer weiter auseinander. Allein in der Bundesrepublik lagern laut unserem Herrn Bundeskanzler, nach einem deutschen Nachrichtenmagazin, ungefähr die Hälfte des amerikanischen Nuklearpotentials. Um der Vernichtung willen brauchen wir also nicht noch weitere Bomben. Aber wir brauchen sie sehr wohl um des Friedens willen, sagen uns Politiker. Und deswegen müssen wir Nachrüsten.

Ich habe gehört, daß auf jeden Menschen in der Welt zur Zeit eine nukleare Vernichtungssprengkraft von vier Tonnen TNT entfällt. Da der sogenannte Ernstfall in Europa stattfindet, entfallen auf jeden von uns hier ein vielfaches von vier Tonnen. Wir liegen jetzt schon Pharaonengleich unter Pyramiden von Sprengstoff begraben. Aber die Rüstungspolitiker in Ost und West bauen diese Pyramiden höher und höher und halten sie für Friedenskathedralen. Sie merken nicht, daß sie jeden Bezug zur Wirklichkeit verloren haben. Sie merken nicht, daß sie Wahnsinnige sind. Die Menschen auf dieser Erde sind in die Hände von Unzurechnungsfähigen gefallen. Das ist eine bittere Wahrheit, und ich hoffe, ich habe mich nicht einseitig ausgedrückt.

Ähnlicher Wahnsinn steht uns demnächst mit den Giftgasen ins Haus. Auch hier soll nachgerüstet werden. Dabei sollen allein bei Pirmasens nach westdeutschen Presseberichten Giftgasvorräte liegen, die geeignet sind, die europäische Bevölkerung mehrmals zu vergiften. Und vielleicht ist Pirmasens nicht unser einziges Pirmasens. Aber selbst wenn wir schon eine Reihe davon haben, so brauchen wir doch noch mehr Pirmasense, weil nämlich unser potentieller Gegner uns an Pirmasensen überlegen ist. Wenn wir also auch mit Giftgas nachrüsten, haben wir dasselbe Problem wie bei den nuklearen Waffen: wo finden wir eine entsprechende Menge von Menschen, die wir vergiften können, wo doch bei allem technischen Fortschritt der Mensch ganz altmodisch nur seinen einen Tod hat.

Aber inzwischen ist es vielen Menschen in der Welt immer mehr klar, daß es nicht um Abschreckung, daß es nicht um Friedenssicherung durch solche Abschreckung geht, denn dazu reichen die vorhandenen Abscheulichkeiten längst aus. Es wird immer mehr Menschen klar, daß es um die Möglichkeit einer Kriegsführung und einer Kriegsgewinnung geht. Wir lesen in der amerikanischen Presse, daß die amerikanische Regierung sich in Stand setzen will, jeden denkbaren atomaren Krieg zu gewinnen. Wir werden freilich einen solchen Krieg nicht mitgewinnen können. Unsere Karten sind zu schlecht gemischt. Die amerikanische Bevölkerung kann zu einem Drittel gerettet werden. Vielleicht sogar zu zwei Dritteln. Wenn es gelingt, schnell genug die Städte zu evakuieren. Aber wir haben keine Wüste von Nevada zur Hand, jedenfalls nicht zu Friedenszeiten. Wenn die Regierung der USA die USA zur Nummer 1 in der Welt machen will, macht sie uns zur Nummer 1 in der Vernichtung. Wogegen wir uns wehren und was wir verhindern wollen, ist der sinnlose Opfertod unseres Volkes für fremden militärischen Größenwahn.

Einige von uns allerdings haben eine Chance zu Überleben. Ich denke da an unsere Regierung. Lassen Sie mich eine einfache Frage stellen: Warum

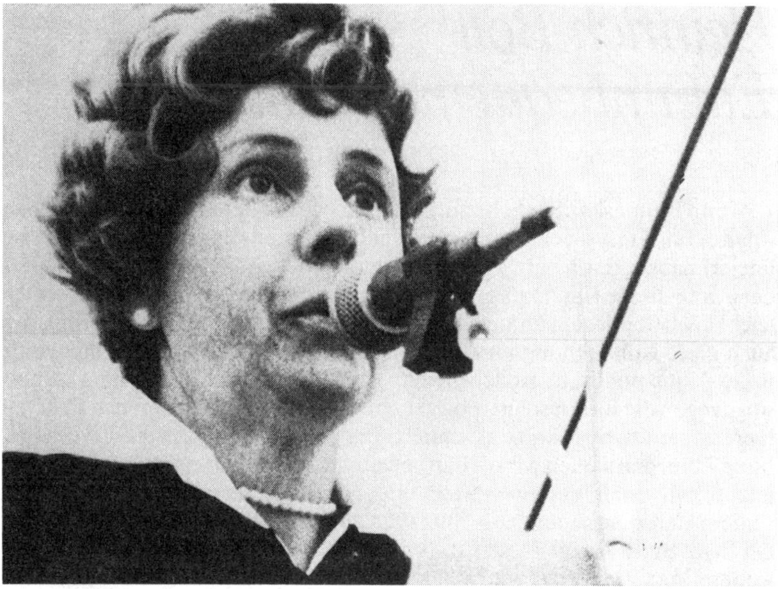
Uta Ranke-Heinemann

hat unsere Regierung einen Bunker und die Bevölkerung so gut wie keine? Offenbar ist es erforderlich, daß die Regierung überlebt. Für die Bevölkerung scheint das weniger erforderlich. Vielleicht sagt die Regierung, sie will gerade für die Bevölkerung überleben. Aber, wenn das Volk stirbt, warum will die Regierung leben? Wem will ein Minister, wenn er aus seinem Bunker heraustritt in ein neutronenbomben-verteidigtes Land und sich in seinen intakten Dienstwagen setzt zu seinem toten Chauffeur, wem will ein Minister dann noch ministrieren? Wen will unsere Bunkerregierung, wenn sie aus dem Regierungsbunker aufsteigt, noch regieren? Aber vielleicht gibt es doch noch etwas zu tun. Es sind nämlich noch nicht alle tot in den Häusern. Viele sterben wochenlang. Und es werden viele sein, die um einen Gnadenschuß betteln. Und vielleicht sind die Herren Minister in der Lage, ein Todeskommando zu bilden, um diesem letzten Willen zu entsprechen.

Manchmal kommen mir die Tränen in die Augen - ich sagte das schon. Aber ich denke dann auch, eigentlich sollten die Rüstungspolitiker aus aller Welt, aus Ost und West, zusammenkommen, vielleicht in der Wüste von Nevada. Denn es ist einfacher, Politiker dorthin zu evakuieren als die Bevölkerung. Und sie sollten sich zusammensetzen und über sich und die Welt weinen.

Wir aber wollen, um das zu sagen sind wir heute hier, statt einander mit Terror zu bedrohen, statt Überlegenheit zu gewinnen und womöglich Siege zu erringen, wir wollen den Völkern den Frieden erklären, um nicht miteinander zu sterben, sondern miteinander zu leben.

Heinrich Böll
Ein unbequemes Volk

Wenn Bundeskanzler Schmidt sagt – und ich bin bereit ihm das zu glauben – daß er und Herr Genscher die Verhandlungsbereitschaft der US-Regierung forciert haben, dann hat vielleicht doch die Friedensbewegung – besonders der evangelische Kirchentag in Hamburg – haben die vielen Initiativen – vielleicht doch bei diesem Drängen eine Rolle gespielt, und es könnte ja sein, daß auch diese Kundgebung und die vielen, die ihr folgen werden, einmal eine Rolle – eine politische Rolle spielen – insofern ist die Kundgebung keineswegs gegen die Bundesregierung gerichtet; noch ist keine der neuen Raketen hier stationiert, noch keine akzeptiert. Der politische Einfluß dieser Kundgebung – und den wollen wir ja – hängt auch von ihrem Verlauf ab – und ich bitte jetzt schon jeden, der einen Stein oder Schlimmeres in der Tasche oder in seinem Campingbeutel hat – ihn fallen zu lassen und der Straßenreinigung der Stadt Bonn zu überlassen, die ohnehin genug Arbeit durch uns hat. Eine weitere Voraussetzung: wir wollen uns nicht vormachen, daß wir allein für den Frieden sind: den wollen die Politiker, denen wir uns hier zeigen – demonstrieren heißt ja zeigen, auch herzeigen, es steckt in dem Wort Monstranz – auch; sie wollen den Frieden. Wir demonstrieren also nicht gegen einen geplanten Krieg, sondern gegen die strategischen Bereitstellungen für einen möglichen Krieg, und wenn das Wort Null-Option schon aus höchstem Mund fällt, dann dürfen wir wohl noch für diese Null-Option demonstrieren.

Es ist das Recht, möglicherweise sogar die Pflicht, der amerikanischen Regierung, energisch – gelegentlich brutal – ihre Interessen zu vertreten. Die Frage ist nur, ob diese Interessen mit denen Europas, speziell Deutschlands – und ich sage Deutschland, nicht Bundesrepublik und DDR – übereinstimmen. Wir bestreiten die Übereinstimmung der Interessen im Falle der geplanten Aufrüstung. Das nennt man einen Interessenkonflikt – nichts weiter, eine völlig normale Erscheinung in der internationalen Politik – wir möchten nur von unserer Regierung wissen, *wo* dieser Konflikt beginnt, wo die Grenze zwischen ihren Entscheidungsmöglichkeiten und den möglichen Entscheidungen der US-Regierung verläuft – nichts weiter. Die geographische Lage Deutschlands – ein Blick auf die Europakarte genügt – macht deutlich, daß wir Grund haben besorgt zu sein – es könnte bei einem möglichen Krieg so kommen, daß wir nicht auf dem Schlachtfeld – und das altmodische Wort Schlachtfeld könnte auf eine fürchterliche Weise wörtlich werden – sondern *als* Schlachtfeld wiedervereinigt werden.

Wir wollen nicht die Opfer vergessen, die die Vereinigten Staaten in Kriegen gebracht haben, die nach 1945 stattgefunden haben – ganz gleich, ob wir die Ziele dieser Kriege billigen oder nicht – eins unterscheidet uns von den Bürgern des nordamerikanischen Kontinents: Europa hat den Krieg erlebt,

erlitten, erfahren auf seiner Erde, ja Erde - zwischen Moskau und Cardiff, zwischen Catania und Narvik - es war ein konventioneller Krieg - und ich glaube, es hat uns allen gelangt, ganz gleich, auf welcher Seite wir gestanden haben, welchen Irrtümern wir erlegen waren. 55 Millionen Tote in einem konventionellen Krieg! - und von wegen »Schutz der Heimat«, was immer man darunter verstand: die Zahl der getöteten Zivilisten kam der der Soldaten fast gleich - in diesem konventionellen Krieg.

Zum lächerlichen Vorwurf des Anti-Amerikanismus: auch in den USA ist die Rüstungspolitik der Regierung Reagan umstritten; im Augenblick herrschen im Kongreß und im Senat und in den Ausschüssen Verwirrung, wenn nicht Verworrenheit - ein Hin und Her von Zahlen, Streit um Waffensysteme und ihren Sinn, und auch ein wenig Angst und Besorgnis wegen der gigantischen, der astronomischen Geldsummen, deren Nullen man kaum noch zählen kann; auch in den USA also umstritten wie die Wirtschaftspolitik, die ja einen Zusammenhang hat mit der Rüstungspolitik - und ganz gewiß wird uns jeder Amerikaner soviel Recht zusprechen wie den Bürgern der US-Staaten Utah und Nevada, die sich mit Erfolg gegen eine wahnsinnige Verbunkerung ihrer Landschaft gewehrt haben (ein Plan der Regierung Carter). *Nicht* umstritten ist die amerikanische Regierungspolitik im Augenblick von der Opposition im deutschen Bundestag; man kann ja über manches streiten - aber diese blinde, fast schon manische Gier, mit der da nach jeder Waffe, nach jedem System gegriffen wird, das auf dem Markt auftaucht - das ist schon krankhaft, ein Fall für die Psychoanalyse - und da erhebt sich nicht eine Stimme in dieser großen Union, da regt sich kein Flügelchen - *das* ist höchst beunruhigend, beängstigend ist es - in den Koalitionsparteien flattern ja wenigstens noch die Flügel, aber bei der Union: Nicht, nicht nichts - nicht eine Stimme - und es handelt sich ja bei dem, was für uns vorgesehen ist, nicht um Hamburger oder Hähnchen. Wenn die Bevölkerung der Bundesrepublik aufgeklärt wäre, über die Waffenverseuchung, die schon vorhanden ist, über die Waffenpest, die uns bevorstünde - das könnte die Wahlerfolge dieser geradezu nicht krieg- aber waffensüchtigen Partei erheblich schmälern. Seien wir also froh, daß die CDU/CSU nicht im amerikanischen Senat und im Kongreß sitzt, und nicht einige politische Redakteure einiger unserer Zeitungen, die amerikanischer sein möchten als die Amerikaner, die überklugen Besserwisser, die manchmal noch peinlicher sind als diese. Man schämt sich angesichts dieser Anbiederung und Untertänigkeit der Union ja geradezu, ein Deutscher zu sein. Zum Glück sitzen dort Amerikaner, deren Staat einer Revolution, einem Aufstand seine Entstehung verdankt - und gerade Amerikaner werden uns besser verstehen als diese deutschen Radfahrer, die möglicherweise als politische Hilfe im Augenblick willkommen sind - im Grunde aber, wie es Musterschülern oft geschieht, - verachtet werden. Amerika ist ein Land der Vielfalt, von Amerika haben wir gelernt, daß große Demonstrationen in Demokratien Erfolg haben können - wir verhalten uns nicht und sind nicht anti-amerikanisch.

Unsere Bundesregierung kann es anders haben, sie kann ein gelähmtes, apathisches Wählervolk haben, das die Vergangenheit vergessen hat, an die

Heinrich Böll

Zukunft nicht denkt, nur von einem Frühstück zum nächsten - willenlos, gehorsam, geduckt dieser Waffenpest entgegensieht - sie kann ein bequemes Wählervolk haben - ich glaube, ein unbequemes sollte ihr lieber sein. Alle Parteien sollen sich klar darüber werden, was sich hier zeigt und weiterhin auch anderswo zeigen wird, ist keine Gruppierung von moralistischen Spinnern - und sie sollten wissen, das wir unser Denken und Tun nicht abhängig machen von Lob oder Tadel der Presse und anderer Organe in den sozialistischen Ländern. Mir ist das Lob in diesen Organen so gleichgültig wie der Tadel, den ich oft genug empfangen habe - machen wir uns unabhängig von solch unwürdigen Reflexen. Natürlich fände ich es gut, ich fände es großartig, wenn die Sowjetunion ihre Raketen abziehen würde; sie sind bedrohlich, daran zweifeln wir nicht - und es wäre gut, wenn dieses Argument - die Raketen - beseitigt würde, bevor die Verhandlungen beginnen. Der Overkill bleibt beiden Seiten auch ohne die Raketen - hier und dort - und das sage ich ganz bewußt auch den kommunistischen Demonstranten hier.

Zum Schluß noch einmal: wir wollen uns nicht vormachen, daß wir allein für den Frieden sind. Und ein letztes Wort zu den Steinen oder gar Schlimmeren, die da möglicherweise in den Taschen oder Campingbeuteln stecken: Lassen Sie diese Friedenskundgebung friedlich enden - der Innenminister des Landes NRW hat die Polizeibeamten, gegen die wir nicht demonstrieren - unmartialisch ausgerüstet; sie sind hier auch zu unserem Schutz, sie sind nicht unsere Gegner, schon gar nicht unsere Feinde - ein allerletztes Wort an die agent provocateurs, die möglicherweise auch hier anwesend sind. Politiker haben uns aufgefordert für den friedlichen Verlauf dieser Kundgebung zu sorgen. Das ist reichlich naiv: wir haben keine Geheimdienste, wir haben keine Exekutivgewalt - wir können nur ganz naiv bitten: lassen Sie uns in Frieden - und das tue ich hiermit: hätten wir die Möglichkeit *Ihnen* den Verdienstausfall, der Ihnen entsteht zu ersetzen, wir täten es.

Dies ist die von Heinrich Böll vorbereitete, aber nicht gehaltene Rede (die andere folgt auf den nächsten Seiten).

Heinrich Böll
Dieser Tag ist eine große Ermutigung

Es sind ein paar seltsame Dinge in diesem Land geschehen. Das erste war, daß man einen Fernsehfilm, der den Krieg von der sowjetischen Seite zeigen sollte, schon abgeschossen hatte durch Leserbriefe, bevor einer ihn hat sehen können. Den Krieg, wie die Sowjetunion ihn erlebt hat, möchte offenbar keiner mehr sehen.

Das zweite Seltsame war, daß diese Demonstration, diese Kundgebung, diese Veranstaltung, auf der wir uns zeigen - demonstrieren heißt ja sich zeigen - denunziert wurde, bevor sie stattfand, und daß offenbar Politiker und Bundestagsabgeordnete schon wußten, wer hier was sprechen würde, bevor überhaupt gesprochen worden ist. Ein sehr merkwürdiges Ereignis.

Dann wurden wir einer Bundestagsdebatte gewürdigt, und wir können dies nachträglich als Ehre empfinden. Immerhin hat diese Bundestagsdebatte etwas gezeigt, was uns überrascht: Alle Bundestagsabgeordneten sind Pazifisten - ALLE! Und ich hoffe, daß die Wähler der CDU/CSU es auch gemerkt haben, daß sie Pazifisten gewählt haben.

Angst? Wir verbreiten keine Angst! Wir drücken auch gar nicht Angst aus. Die Politiker sollten doch wissen, wenn sie in die Arsenale ihrer Armeen sehen und in die Planungen, in die geplanten Systeme, die da alle sich überschlagen, daß sie die Angst verbreiten.

Die Politik der Regierung Reagan ist auch in den USA nicht unumstritten. Wir wollen uns klar darüber sein, daß im Augenblick sogar im amerikanischen Kongreß und im amerikanischen Senat ein Hin und Her stattfindet, daß Waffensysteme vorgeschlagen, verworfen werden, daß Summen genannt werden für die Rüstung, deren End-Nullen man gar nicht mehr zählen kann.

Wir sind nicht anti-amerikanisch, wenn wir uns gegen eine bestimmte Politik *einer* bestimmten amerikanischen Regierung wehren. Regierungen sind ja nicht ewig! Und es ist gar nicht klug, sich auf die Politik einer Regierung, die zunächst für drei oder vier Jahre noch im Amt ist, einzustellen.

Unumstritten ist die amerikanische Politik in der Fraktion der CDU/CSU in unserem Bundestag. Dort ist sie weniger umstritten als in Amerika selbst. Die Blindheit, mit der man dort in dieser Fraktion nach jeder Waffe greift, noch bevor sie auf dem Markt ist, eine Waffengier, fast ein Waffenjubel, der sollte doch die Wähler dieser Partei nachdenklicher machen, wenn sie sich klar darüber werden, daß hier Waffenverseuchung mit Waffenpest bekämpft wird. Die Vereinigten Staaten von Amerika verdanken ihre Existenz einer Revolution, einem Aufstand. Das wollen wir nicht vergessen.

Und deshalb wollen wir dankbar sein, daß nicht unsere Opposition im amerikanischen Senat sitzt und nicht die politischen Redakteure einiger Zeitungen, sondern daß dort Amerikaner sitzen – mir immer noch lieber, als über-amerikanische Deutsche.

Wir kennen die amerikanische Kultur; ich spreche hier als Autor, und ich kann auch im Namen meiner Kollegen sprechen: wir sind auch von der amerikanische Literatur befreit worden. Wir wollen das nicht vergessen! Von Saroyan bis Salinger und von Hemingway bis Steinbeck – da wären dutzende Namen zu nennen. Es ist absurd, eine Idiotie, uns Anti-Amerikanismus vorzuwerfen. Und ich bin sicher, daß viele meiner amerikanischen Kollegen denken wie wir. Ich hatte auch gestern den Eindruck, daß ein bißchen Angst im Bundestag herrschte – nicht Angst, nicht physische Angst vor uns hier, sondern die Angst davor, daß diese Hollanditis, diese wunderbare Krankheit, diese großartige Erscheinungsform der Gesundheit, daß die umgreifen könnte und übergreifen auch auf die CDU- und CSU-Wähler. Das ist meine Hoffnung! Das könnte auch schiefgehen bei diesem Wahloptimismus, den diese Parteien momentan ausstrahlen.

Wir wollen uns auch nicht vormachen, daß wir allein den Frieden wollen! Auch das wäre eine Täuschung.

Ich will noch ein Ereignis erwähnen, das mich fürchterlich beeindruckt hat, fürchterlich erschreckt hat. Es ist die Räumung der Besetzung der Startbahn West. Natürlich, wir wissen das, da ist sozusagen Recht vollzogen worden. Nein, ich meine das gar nicht so ironisch, wie Sie das möglicherweise verstehen. Es ist ja eine Sache, Recht zu haben und Recht zu bekommen; und auf dem Recht zu bestehen, das ist eine andere Sache. Ich weiß nicht, wieviele Menschen in der Welt Opfer, sagen wir etwa, des Vorfahrtsrechtes werden, des Vorfahrtsrechtes im Straßenverkehr. Ich weiß nicht, wieviele Menschen Opfer dieses Vorfahrtsrechtes werden, von dem der Autofahrer oder wer immer Gebrauch macht. Er ist ja unschuldig. Und ich glaube, wir sollten den Begriff des Vorfahrtsrechtes auch auf diese Art von Aktionen übertragen.

Es ist gestern ein Wort gefallen im Bundestag von Herrn Bundeskanzler Schmidt, über das ich als Autor sehr lange reden möchte aber nicht lange reden will – es ist das Wort »zwielichtige Gestalten«. Dies ist eine ganz, ganz gefährliche Formulierung. Denn wir haben ja erlebt, daß äußerst zwielichtige Gestalten in die höchsten Regierungsämter gekommen sind. Und ich bin fast geneigt, mich selbst zu einer zwielichtigen Gestalt zu erklären. Ein merkwürdiges Wort! Man weiß ja nie so recht, wer zwielichtig ist, bis irgendeiner herausfindet, daß er zwielichtig ist. Und im Augenblick ist ja eine äußerst zwielichtige Gestalt der amerikanischen Geschichte bei der Beerdigung von Sadat auch anwesend.

Es ist kalt geworden, Sie haben alle lange gewartet. Ich möchte Ihnen, im Namen auch der Vorredner, danken für Ihre Geduld, Ihnen allen danken für die Ermutigung, die Sie darstellen! Die Politiker haben ja die Wahl, uns zu apathischen Zynikern zu machen. Das ist sehr leicht geschehen. Sie können es haben, sie können eine gelähmte Bevölkerung auf der ganzen Welt haben, die gelähmt ist von diesen Waffenpesten und Waffenzahlen. Wir wollen uns nicht lähmen!

Ich bedanke mich bei Ihnen allen für die Ausdauer und für Ihre Anwesenheit. Ich glaube, daß wir einen sehr sehr wichtigen Nachmittag erlebt haben. Nur eines muß ich sagen - ich käme mir wie ein Verräter an vielen und an mir selber vor, wenn ich nicht einen Menschen erwähnen würde, mit dem ich sehr befreundet bin, der friedfertigste Mensch, den ich kenne. Er ist für mich eine Art Gandhi, leider ohne den Rückhalt in seinem Land. Ich meine Andrej Sacharow, der schon erwähnt worden ist, der sehr weit entfernt von hier, sehr sehr weit entfernt, nicht verurteilt, nur verbannt, nur aus dem Verkehr gezogen ist, eine Erscheinung des Friedens - ich kenne ihn persönlich - ein Mensch, der Frieden ausstrahlt und leider an der Ausstrahlung dieses seines Friedens gehindert wird. Erlauben Sie mir, mich an die unter Ihnen zu wenden, die sich selbst als Kommunisten definieren. Ich definiere niemanden, der sich nicht selbst so definiert. Vielleicht denken Sie einmal daran, daß Ihre Glaubwürdigkeit, Ihr *Hiersein,* Ihre Hilfe bei den Friedensdemonstrationen bedeutend größer würde und uns helfen würde, wenn Sie einmal - Sacharow als Beispiel - an diese Menschen denken würden. Und wenn sie einmal daran denken würden, daß in der ČSSR seit 1968 ein kultureller Friedhof wächst. Und ich nenne meinen Kollegen Waclaw Havel als Beispiel dafür. Wir können das nicht vergessen, den Frieden, der von diesen Menschen ausstrahlt.

Da wäre noch viel zu sagen - ich hätte noch viel zu sagen. Ich habe ein ganzes Manuskript vorbereitet, ich verzichte darauf - es ist genug. Ich glaube, es ist genug. Erlauben Sie mir zum Schluß nur eine Bitte von mir und von allen Veranstaltern, von allen Rednern: Dies ist eine Friedensdemonstration. Sorgen Sie dafür, daß sie friedlich zu Ende geht.

Es ist ein bißchen naiv, wenn Politiker uns auffordern, dafür zu sorgen, daß eine solche riesige Veranstaltung friedlich zu Ende geht. Wir haben keinen Geheimdienst zur Verfügung, wir haben keine Exekutivgewalt, wir sind darauf beschränkt, Sie alle zu bitten. Und sollte jemand ohne böse Absichten ganz prophylaktisch einen Stein in der Tasche haben, im Campingbeutel -, ich bitte Sie: lassen Sie ihn fallen - überlassen Sie ihn dem Fuhrpark der Stadt Bonn! Denken Sie daran, daß Bonn eine friedliche Stadt ist, eine friedliche Bevölkerung - daß auch hier niemand Krieg will und das die Fensterscheiben und Schaufenster so unschuldig sind wie die Bevölkerung der Stadt Bonn!

Ein allerletztes Wort an eine Menschengruppe, die möglicherweise - ich will nicht sagen wahrscheinlich - auch hier unter uns ist, an die agents provocateurs. Ich weiß nicht, ob sie hier sind. Ich vermute, es gibt Gruppen, es gibt Geheimdienste in aller Welt, die interessiert daran wären, diese Geschichte hier platzen zu lassen. Also wende ich mich prophylaktisch an die möglichen agents provocateurs. Eine naive Sache, solche Leute zu bitten - ich blamiere mich gerne in so einer Form der Naivität - wenn sie vorhanden sind: Wir alle hier oben und die Organisatoren erklären uns bereit, wenn sie diskret zu uns kommen, Ihnen den Verdienstausfall zu ersetzen.

Ich danke Ihnen für Ihre Geduld. Sie haben alle in der Kälte ausgehalten. Ich danke Ihnen für die Ermutigung, die diese riesige, großartige Veranstaltung bedeutete.

IV

Wie geht es nach dem 10.10.1981 weiter?

Reaktionen nach dem 10.10. anhand von Presseberichten

Kohl: Das Erlebnis an der Volksfront

Als eine Zäsur in der Geschichte der Bundesrepublik hat es der CDU-Vorsitzende Kohl am Sonntag bezeichnet, daß Zehntausende von Sozialdemokraten »mit vielen Kommunisten jeglicher Art« gemeinsam demonstriert hätten. Bei der Bonner Demonstration gegen die Politik der Bundesregierung habe es »das Erlebnis der Volksfront« gegeben. Dennoch habe es sich bei den Demonstranten um vielschichtige Gruppierungen mit unterschiedlichen Motiven gehandelt, sagte er gegenüber dem Deutschlandfunk. Es habe sich als unnötig erwiesen, daß im Vorfeld der Demonstration über das Demonstrationsrecht gestritten worden sei. »Es hat sich ganz selbstverständlich gezeigt, daß in friedlicher Weise jeder Bürger der Bundesrepublik Deutschland demonstrieren kann.« Das FDP-Mitglied Borm und der Sozialdemokrat Eppler seien offensichtlich in ihren Parteien keine Einzelgänger, sondern sie repräsentierten bedeutsame Strömungen, die offen gegen die Politik der Regierung Schmidt/Genscher in einem zentralen Punkt aufträten, sagte Kohl. Brandt, Schmidt und Genscher müßten sich fragen lassen, ob sie nicht in ihren Parteien die notwendigen Informationen über die Sicherheitspolitik unzureichend weiter gegeben hätten. Der CSU-Politiker Zimmermann sprach von einem Warnzeichen einer gefährlichen Polarisierung. »Die demokratischen Parteien müssen dafür sorgen, daß die Friedenssehnsucht der Menschen nicht ausgebeutet wird von falschen Propheten, die ganz andere Ziele verfolgen, als sie Tausenden von Gutgläubigen vorgaukeln.« Der FDP-Generalsekretär Verheugen äußerte die Hoffnung auf ein »sachlicheres und toleranteres Gespräch« zwischen allen Parteien und der »Friedensbewegung«. Der SPD-Bundesgeschäftsführer Glotz dankte der Polizei für umsichtiges Verhalten. Glotz äußerte die Erwartung, daß Eppler Sozialdemokrat bleibe und nicht zum »Kristallisationskern irgendwelcher neuer Bewegungen« werden wolle.

Aus: Frankfurter Allgemeine Zeitung, 12. 10. 1981.

»Deutsche Patrioten« und die Friedfertigkeit in Bonn

Eine achtfache Oma aus Illertissen wünscht, weil am persönlichen Erscheinen verhindert, dem Unternehmen »vollen Erfolg«. Bus 31 aus Berlin meldet telegraphisch Motorschaden und kündigt sein Erscheinen für nächste Woche an: Wartet auf uns. Die vieltausendköpfige Menge auf dem durch schwere Regenfälle aufgeweichten Rasen des Bonner Hofgartens nimmt auch diese Botschaft mit fröhlichem Beifall auf.

Bonn, 10. Oktober 1981: Mehr als eine Viertelmillion meist junger Menschen beschämen all jene professionellen Besserwisser mit ihren dumpfen Ahnungen, daß der Bundeshauptstadt an diesem Tag ein schreckliches Ereignis ins Haus steht, mit Chaos, Zerstörung und Gewalt. Sie kommen mit Bussen und Sonderzügen, mit Fahrrad, Straßenbahn und eigenem Wagen, respektieren still und freundlich die Bitten der 2000 Ordner an den Aufstellplätzen, in den fünf kilometerlangen Marschsäulen und später auf dem Hofgarten und den verstopften Straßen ringsherum. Sie nehmen Regen und kalten Wind in Kauf, warten geduldig in den endlosen Schlangen vor den Toilettenhäuschen und räumen am Ende des eindrucksvollen Tages wie selbstverständlich Berge von Papier und Abfall zusammen.

Vertrauen in die Friedfertigkeit hat an diesem Tage von offizieller Seite lediglich die Polizei, die ihre Beamten nur zu zweit und unbewaffnet an die Front schickt, die keine wird. Denn die »Kundgebung auf Samtpfötchen«, die alles durchdringende Harmonie an diesem Samstag läßt auch individuelle Ausbrüche nicht zu. Einige vermummte Teilnehmer werden freundlich ermahnt und durch eine Kette am Ausbrechen gehindert. Eine Gruppe von Anhängern der Moon-Sekte, die das freundliche Szenarium zu stören droht, wird von Ordnern sanft an den Rand der Ereignisse gedrängt

Ein Mädchen verkauft selbstgebackene Friedenstauben aus Mürbeteig. Eine junge Frau trägt auf dem Rücken die aufmunternde Parole »Petting statt Pershing« und ein Witzbold hat einfach »Angsthase« auf die Bretterwand gepinselt, mit der ein ängstlicher Geschäftsmann seine Schaufenster verrammelt hat.

Daß die junge Friedensbewegung eine sehr heterogene Vereinigung ist, zeigen die Fahnen und Symbole, die Transparente und Flugblätter, die zuhauf verteilt werden. Über dieser bunten Mischung aus Musik und Fröhlichkeit, aus Engagement und Anteilnahme aber liegt überall wie selbstverständlich die Friedfertigkeit, die die Veranstalter als oberstes Ziel all ihrer Bemühungen begriffen und Heinrich Böll am Ende der langen Veranstaltung noch einmal eindringlich mahnen läßt, nun auch friedlich den Heimweg anzutreten.

Als mittags die Redner das viel zu kleine Podest besteigen, herrscht auf dem Hofgarten und den Straßen und Plätzen ringsherum längst eine qualvolle Enge. Harry Belafonte, der umjubelte Star aus den USA, umarmt ergriffen die Witwe des ermordeten Martin Luther King und singt dann ein Solo, weil ihm sein Gitarrist abhanden gekommen ist. Während sich »die Großväter«, wie Albertz nachher nachdenklich das Redneraufgebot nennt, mühsam einen Klappstuhl angeln und eine Band vom »weichen Wasser« spielt, »das Steine bricht«, schiebt sich hinter dem Podium eine Kette deutscher und holländischer Soldaten in Uniform ins Schußfeld der Fotografen, in ihren Händen ein Schild mit der Aufschrift »Soldaten gegen Raketen«.

Die Großväter: Der Berliner Pfarrer Albertz hat damit später zu erläutern versucht, warum in Bonn fast nur junge Menschen als Zuhörer und fast nur Alte als Sprecher zu finden waren. »Die mittlere Generation«, meinte er, sei durch Konsum und Leistungszwang verdorben worden und, Anmerkung der Theologin Uta Ranke-Heinemann, durch einen strammen Anti-Kommunismus.

Bevor der erste Redner das Wort ergreifen kann, gerät die Massenversammlung unversehens in Bedrängnis. Von der überfüllten Poppelsdorfer Allee, einer der erwählten »Ersatz-Schauplätze«, zu denen die Ansprachen übertragen werden, schiebt die Menge in Richtung Hofgarten; in der schmalen Bahnunterführung droht Panik zu entstehen. »Seid einmal zwei Minuten ganz still«, bittet der Versammlungsleiter die 100 000 vor der Universität, um hören zu können, was die Kollegen am Gefahrenort berichten. Im Nu tritt im weiten Rund totale Stille ein, kein Wort, kein Laut. Einen ähnlichen Beweis für die perfekte Selbstdisziplin, die über den Tag hinaus die Diskussion bestimmen wird, hatten die Teilnehmer schon zuvor in den Marschsäulen gegeben, als sich der Ruf nach einer Schweigeminute für die Opfer von Hiroshima durch den endlosen Zug pflanzte und in wenigen Augenblicken eine stumme, nachdenkliche Menge hinterläßt.

Die Ansprachen der »Großväter« waren, so später Erhard Eppler, »keiner Instanz zur Genehmigung« vorgelegt worden. Gemeinsam aber war in all diesen, mit starkem Beifall aufgenommenen Reden das Bemühen der Veranstalter, den Vereinfachern keine Gelegenheit zu geben, die junge Friedensbewegung in bestimmte Ecken abdrängen zu können, etwa mit dem Vorwurf, die Aktion der Hunderttausenden sei von Grund auf »anti-amerikanisch«. So wurde denn auch immer wieder Abrüstung in

ich hab
ich hab angst
j'ai peur
I am frightened
ANGST
ik ben bang
ANGST

West und Ost gefordert, freilich mit der Feststellung, so der Friedensforscher Alfred Mechtersheimer (CSU), man müsse zunächst einmal vor der eigenen Haustür kehren.

Auffälliger schien an diesem großen Tag in Bonn eher ein Stichwort zu sein, das zunächst Heinrich Albertz in die Zuhörerschar wirft und dafür starken Applaus erhält. Seine ernsten Fragen an die Regierung hat er »als deutscher Patriot« gestellt, und er fügt die Feststellung an, »unsere Jugend« wolle nicht länger »in einem besetzten und nichtsouveränen Land leben«. Erhard Eppler faßt später nach, als er sich über die »Sklavensprache« entrüstet, die das Stirnrunzeln einer fremden Macht zum politischen Maßstab macht. Aufkeimender, neuer Patriotismus als Treibsatz für die Jugend in der Friedensbewegung?

Noch am Vorabend der Massenkundgebung hatte Andreas Zumach von der Aktion Sühnezeichen klargestellt, daß die Bonner Demonstration nicht, wie behauptet, gegen die Bundesregierung gerichtet sei. Man wolle, sagt dazu Albertz, »der Regierung das Gewissen schärfen«; William Borm, der 86jährige Alt-Liberale, mahnt, die FDP/SPD-Koalition dürfe keine Raketenkoalition werden.

Die Mahnungen an die politisch Verantwortlichen sind freilich ebenfalls unüberhörbar. Wenn der Bundestag, kündet Mechtersheimer an, die Friedensfrage nicht diskutiere, würden bald Millionen von Bürgern eben selbst die Debatte führen. Und Albertz fürchtet, mit Blick auf die vereisten Argumente des amtlichen Bonns, es werde »bald zu spät sein für die Regierenden«.

Die vielen tausend Demonstranten haben sich geduldig die Ausführungen der Redner angehört, und sie haben ihren Unwillen nur durch ein Pfeifkonzert artikuliert, als einige Male der Polizeihubschrauber allzu niedrig fliegt und stört. Sie haben aber auch spüren lassen, wen sie als selbstgewählte Autorität respektieren und bei wem sie nach eigener Einordnung Mißtrauen oder Skepsis empfinden.

So mußte sich Georg Benz, Vorstandsmitglied der IG Metall, einige Pfiffe gefallen lassen, als er meinte, ihm sei lieber, wenn auch der sowjetische Regimekritiker Sacharow auf dem Roten Platz in Moskau so freimütig reden dürfe wie es an diesem Tag in Bonn geschehe. Als später Heinrich Böll bittet, auch an seinen bedrängten Freund Sacharow zu denken, an diese »Erscheinung des Friedens«, wird er mit starkem Beifall belohnt. Glaubwürdigkeit, auch das eine Lehre von Bonn, ist bei vielen jungen Bürgern nicht nur eine Frage des vorgetragenen Arguments, sondern auch das Ergebnis langjährigen und überzeugenden Engagements.

Die Veranstalter selbst haben ihren Aufruf und die sich daraus ergebenden organisatiorischen Konsequenzen »einen Minimalkonsens« genannt. Daß der unerwartet große Zustrom fast zwangsläufig viele Teilnehmer trotz großflächiger Beschallungsanlagen zu »Gehörlosen« verurteilt, die – in abgelegenen toten Winkeln lagernd, – nichts, aber auch nichts von den gewichtigen Reden und Argumenten vernehmen, wird nirgendwo mit Mißfallen quittiert: Schon die Teilnahme an dieser Demonstration für den Frieden, das bloße Dabeisein genügt vielen Demonstranten.

Als problematischer erweist sich da schon die Länge der Veranstaltung, die vielen Teilnehmern ein Höchstmaß an Geduld, Ausdauer und Belastbarkeit abverlangt. So wandern denn auch, als eine Stunde vor dem Ende das Redner-Karussell ins Seminarhafte abzugleiten droht, als der Funke vom Podest zum Massen-Publikum nicht mehr so recht zünden will, Tausende in Richtung Bahnhof ab, ruhig friedlich und zufrieden. Als dann aber Heinemann-Tochter Uta den Rüstungswahnsinn mit bitterem Sarkasmus angeht, als ein Sprecher das »Nein von Bonn« vorträgt und dieses »Nein« aus vielen tausend Kehlen wie ein Bekenntnis in den Abend gerufen wird, als Böll die Hollanditis eine »wunderbare Krankheit« nennt, bekommt die Demonstration der 300 000 noch einmal einen eindrucksvollen Schub. Und irgendwo in einer stillen Ecke kauert ein junger Mann mit einem Transparent neben sich, auf dem in steilen Lettern geschrieben steht: »O Herr, schmeiß Hirn vom Himmel!«

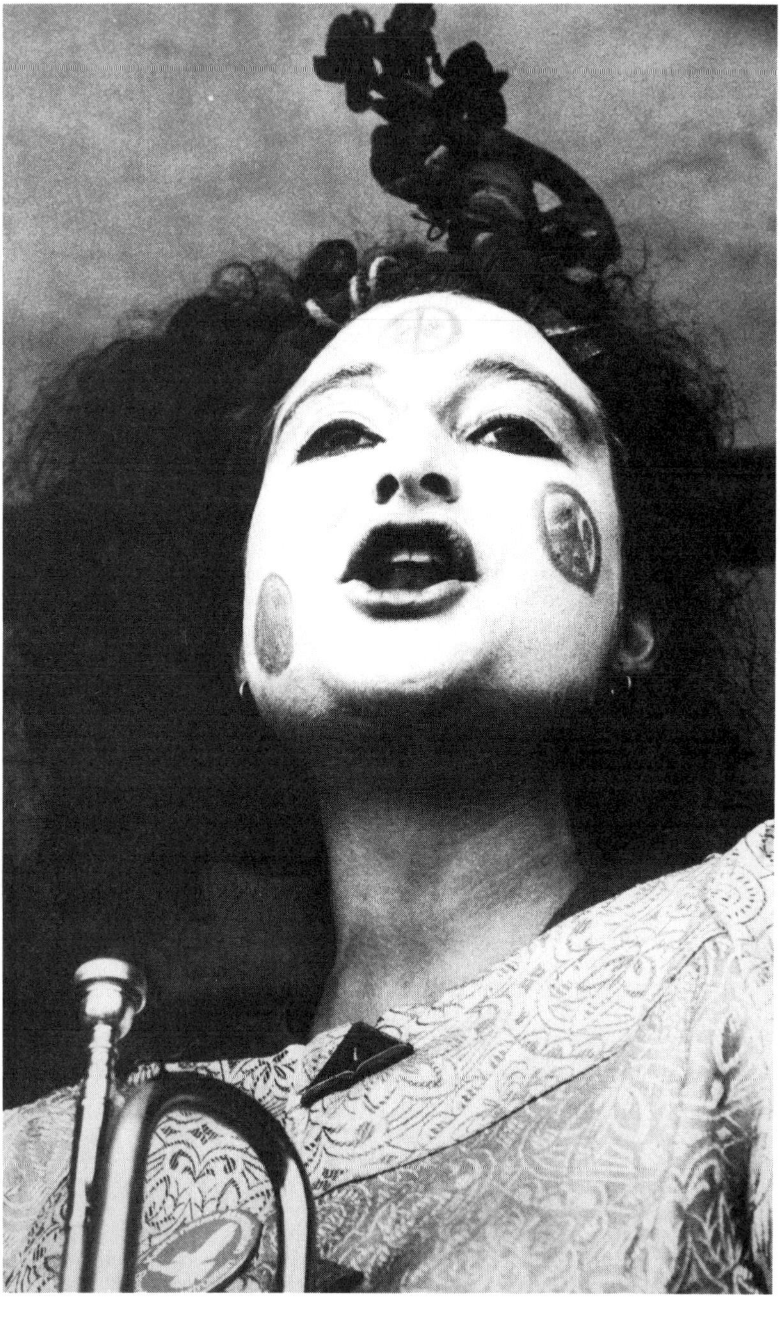

Bonn, 10. Oktober 1981: Eine neue Qualität von Demonstranten, deren Friedfertigkeit über den Tag hinaus wirken wird, hat sich vorgestellt, allen bitterbösen und agitatorischen Vorweg-Behauptungen zum Trotz. Junge Mädchen haben an fremde Menschen und die wenigen Polizisten Blumen verteilt. Picknicks, Straßentheater, Musik und kleine Diskussionsrunden überall vermittelten den Eindruck eines Festivals, das alle einschloß.

Später am Abend, der Regen ist wieder stärker geworden, kriechen junge Leute im Hofgarten und in der Poppelsdorfer Allee über den zertrampelten Rasen und kehrten den Müll zu Bergen zusammen. in einer kleinen Straße am Markt aber, wo aus einem Phonogeschäft Tanzmusik dröhnte, versammeln sich einige hundert Demonstranten spontan zum Tanz. Draußen in der Evangelischen Studentengemeinde bekräftigen derweil die Veranstalter die neuen Perspektiven: Die Teilnehmer an der Bonner Demonstration sollen nun, jeder für sich und jeder an seinem Platz irgendwo im Lande, neue Freunde für die Friedensbewegung beginnen.

Aus: Frankfurter Rundschau, 12. 10.1981.

SPD soll gegenüber Friedensbewegung »wandlungsfähig« sein

Eine Partei muß nach Ansicht des nordrhein-westfälischen Ministerpräsidenten Johannes Rau zur Wandlung bereit und imstande sein, das aufzunehmen, was vom Wähler zum Ausdruck gebracht werde. Darauf müsse die Partei antworten. In einem Interview des Deutschlandfunks sagte das SPD-Präsidiumsmitglied am Montag zugleich, insofern müsse seine Partei natürlich auch angesichts der Friedensbewegung ihre »Wandlungsfähigkeit beweisen«. Sie dürfe nur nicht »nachplappern«.

Rau fügte hinzu, es gehe jetzt darum, daß Friedenspolitik verständlich gemacht werde. Er glaube, daß man der großen Mehrheit derer, die demonstrierten, nachsagen könne, daß es ihnen um Friedenspolitik gehe und nicht um Angriff auf die Bundesregierung.

Bundeskanzler Helmut Schmidt hat den friedlichen Verlauf der Bonner Friedensdemonstration begrüßt. Regierungssprecher Kurt Becker teilte am Montag vor Journalisten in Bonn mit, Schmidt habe sich »außerordentlich erleichtert und zufrieden« darüber geäußert, daß sich die Teilnehmer so diszipliniert verhalten hätten. Der Kanzler habe darauf hingewiesen, daß die in der Veranstaltung zum Ausdruck gekommene Friedenssehnsucht stets Eingang in die Politik der Bundesregierung gehabt habe und haben werde. Dazu gehöre auch der Dialog mit der Jugend, der weitergeführt werde.

Das FDP-Präsidium hat die »differenzierte Haltung« der Demonstranten bei der Bonner Großkundgebung für Frieden und Abrüstung gelobt. Diese Haltung habe der »Einseitigkeit des Aufrufs zu der Veranstaltung und der Reden« nicht entsprochen, erklärte das Spitzengremium der Liberalen am Montag in Bonn. Die FDP betrachte gerade diese Tatsache als Herausforderung für eine noch aktivere Diskussion über die Ziele ihrer Friedenspolitik. Die Partei sehe hierin eine Chance für eine rationale Friedensdiskussion in der Bundesrepublik.

Die Jungsozialisten sprachen am Montag von »öffentlich zur Schau gestellter Hilflosigkeit« führender CDU-Politiker. Die CDU/CSU habe offensichtlich jeden Kontakt zu den jungen Menschen in der Bundesrepublik verloren. »Wenn es Krawalle gegeben hätte, dann wäre die geistige Unionswelt heute in Ordnung«, erklärte Juso-Bundessekretär Rudolf Hartung, »so herrscht Verwirrung vor.«

Die Sozialdemokraten müssen nach Ansicht der CDU/CSU eine innerparteiliche Klärung über ihre Haltung zur Sicherheitspolitik der Bundesregierung herbeiführen. Unter Hinweis auf die Bonner Demonstration vom Samstag erklärte der Parlamentari-

sche Geschäftsführer der Oppositionsfraktion, Philipp Jenninger: »Die SPD muß sich bald darüber klar werden, was sie will.« Andernfalls würden zunehmend außerparlamentarische Gruppen, die demokratisch nicht legitimiert seien und deren Auftraggeber teilweise im Ausland residierten, zunehmend Einfluß auf den innerparteilichen Willensbildungsprozeß nehmen.

Aus: Frankfurter Rundschau, 13. 10. 1981.

Wissmann widerspricht Kohls Vorwurf von der Volksfront

Der Vorsitzende der Jungen Union und Bundestagsabgeordnete, Matthias Wissmann, hat kritisiert, daß der CDU-Vorsitzende Helmut Kohl die Großdemonstration »für Abrüstung und Entspannung in Europa« als »Volksfront« bezeichnet hat. In einem Interview der Westfälischen Rundschau sagte Wissmann, alle demokratischen Parteien könnten Demonstrationen »nicht einfach mit dem Wort Volksfront abtun«, sondern müßten sich um eine ernsthafte und differenzierte Auseinandersetzung mit den Ideen und Inhalten dieser Bewegung bemühen. Nach den Worten Wissmanns muß so die Chance wahrgenommen werden, »auf beiden Seiten von den groben Klötzen in der Auseinandersetzung wegzugehen« und ein ernsthaftes und sachliches Gespräch zu führen. Wissmann vertrat die Auffassung, daß der größere Teil der Demonstranten nicht gegen die USA als Nation habe protestieren wollen, sondern sich gegen die gegenwärtige Politik Washingtons gewendet habe.

Die Veranstalter der Bonner Friedensdemonstration haben den Parteien vorgeworfen, auf die Demonstration nur »kläglich« eingegangen zu sein. Auch die Absicht eines »Dialogs mit der Jugend« sei lediglich die »freundlichere Spielart des Ausweichens vor unseren Anliegen«, heißt es in einer Mitteilung der Aktion »Sühnezeichen/Friedensdienste« und der »Aktionsgemeinschaft Dienst für den Frieden«. Ein Drittel aller Demonstrationsteilnehmer sei älter als 35 Jahre gewesen.

Aus: Süddeutsche Zeitung, 14. 10. 1981.

Fasia Jansen

NEDERLAND
BOM
stop
de
kernwapen
APELDOORN
BOM
stop
de
kernwapen
wedloop

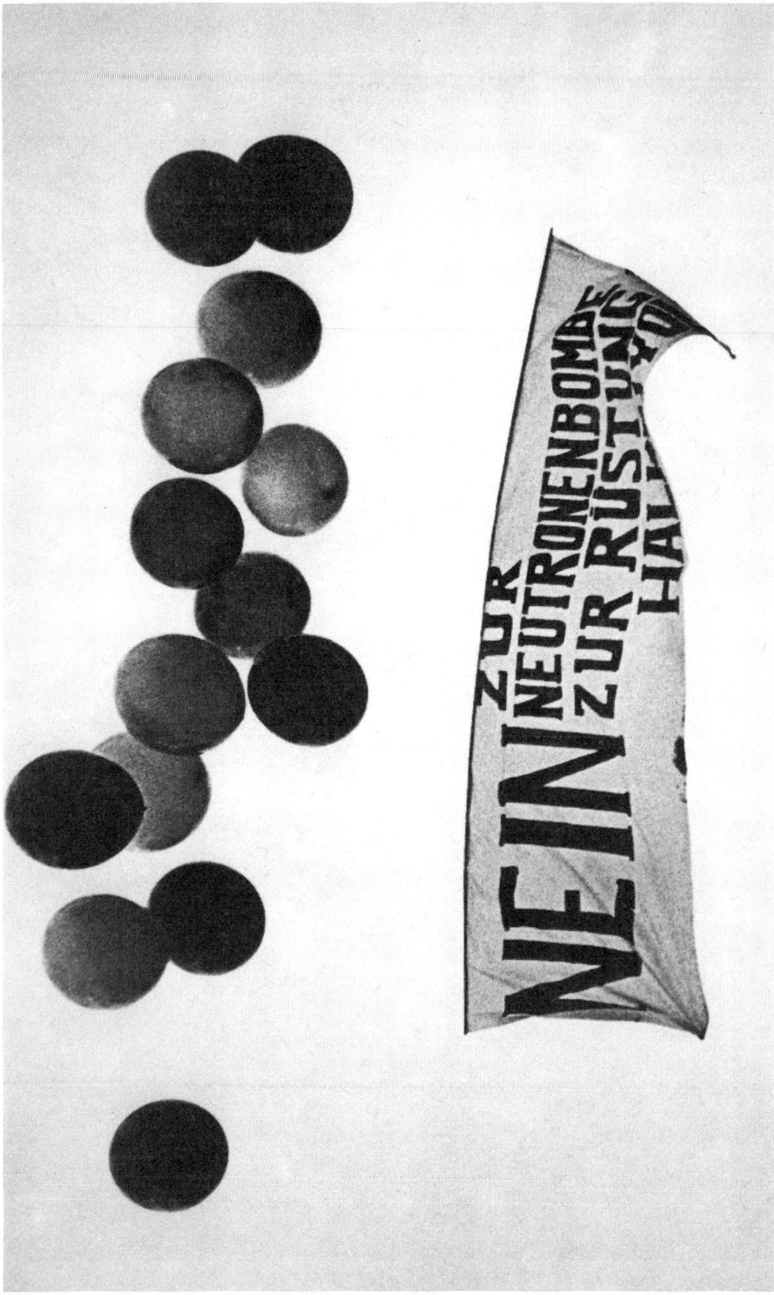
NEIN
ZUR
NEUTRONENBOMBE
ZUR

Angie Domday

RÜSTUNG
VERS!!

Klägliche Reaktionen der Parteien
Abschließende Erklärung der Veranstalter

1. Die Demonstration vom 10. 10. 1981 war die größte in der deutschen Nachkriegsgeschichte. Daß sie friedlich verlief, ist ein Verdienst der 300 000 Teilnehmer, die eine friedliche Demonstration wollten. Das Verhalten der Polizei und unserer Organisation waren nur Beiträge zum guten Verlauf.

2. Die Demonstration ist ein Beitrag zur politischen Kultur unseres Landes gewesen. Wir haben bewiesen, daß es möglich ist, das Grundrecht der Demonstrationsfreiheit auch mit so vielen Menschen in einer so heiß umstrittenen Frage absolut gewaltfrei wahrzunehmen. Dies am Tag, an dem die CDU/CSU nicht zuletzt unter Verweis auf unsere Demonstration im Bundesrat erneut für eine Verschärfung des Demonstrationsrechtes plädiert hat.

3. Alle, die Gewalt prophezeiten oder herbeireden wollten - besonders Vertreter der CDU/CSU und ein Teil der Medien - sind ins Unrecht gesetzt worden. Sie hätten sich lieber über Gewalttaten aufgeregt, als auf das Anliegen der Demonstration eingehen zu müssen.

4. Auch die politische Führung der Stadt Bonn, an ihrer Spitze Oberbürgermeister Daniels (CDU), die - in Kontrast zur hervorragenden Zusammenarbeit zwischen den beiden Veranstaltern und den betroffenen Dienststellen der Stadt - meinte, vor uns warnen zu müssen, hat es nicht vermocht, die Atmosphäre zwischen den Demonstranten und der Bonner Bevölkerung zu vergiften.

5. Das Eingehen der Parteien auf das Anliegen der Demonstration ist kläglich. Die CDU/CSU versucht, sich durch Diffamierungen und Unterstellungen der notwendigen politischen Auseinandersetzung zu entziehen. Die Absicht des »Dialogs mit der Jugend« ist nur die freundlichere Spielart des Ausweichens vor unserem Anliegen. Nach unserer Übersicht ist ein Drittel der Demonstrationsteilnehmer über 35 Jahre gewesen.

6. Daß die Auseinandersetzungen innerhalb der Koalitionsparteien stärker sind als in der CDU/CSU spricht für das demokratischere Selbstverständnis von SPD und FDP. Harte innerparteiliche Kontroverse um politische Inhalte, die in unserem Lande meist mit dem negativen Etikett »Zerrissenheit« und »gespalten« belegt werden, sind tatsächlich ein Ausdruck politischer Kultur. Angesichts der notwendigen Umorientierung in der Sicherheitspolitik kennzeichnet die Freude der CDU/CSU über ihre Geschlossenheit, die in

KEINE STÜTZPUNKTE FÜR
SPANIEN in die NATO?
UNGLEICHGEWICHT
ÜBERSPANUNG in EUROPA

Wahrheit eine politische Friedhofsruhe ist, nur das beängstigende Unvermögen, sich auf dringende neue Probleme überhaupt einzulassen.

7. Das Verhalten der Parteien bestätigt, daß die Friedensbewegung von allen politischen Parteien unabhängig bleiben muß. Die Differenzen zu allen im Bundestag vertretenen Parteien bleiben, wenn wir den Verzicht auf die Stationierung neuer Mittelstreckenraketen fordern. Wir glauben, daß der Verzicht einseitig geübt werden muß, weil die Stationierung ein einseitiger Aufrüstungsschritt wäre. Die Erfüllung der 300000fach vorgetragenen Forderung auf den Verzicht kann den Abrüstungsprozeß in Ost und West fördern.

8. Den Beifall der Sowjetunion zu unserer Demonstration kann diese selbst glaubwürdiger machen, wenn sie größere Transparenz bei ihrer eigenen Rüstung ermöglicht und selbständig Abrüstungsschritte einleitet (zum Beispiel bei den SS-20).

9. Die Friedensbewegung wird weiter wachsen, solange der Rüstungswettlauf nicht aufgehalten und ein Abrüstungsprozeß eingeleitet ist.

10. Der 10. 10. 1981 hat die Beteiligung der westeuropäischen Friedensbewegung deutlich gezeigt. Die Demonstration war der Auftakt zu ähnlichen Veranstaltungen am 24./25. 10. 1981 in Brüssel, London, Paris und Rom, am 21. 11. 1981 in Amsterdam und am 6.–8. 12. 1981 in Brüssel. Wir werden die Zusammenarbeit mit der US-amerikanischen Friedensbewegung verstärken.

11. Dreißig Prozent der Bevölkerung unseres Landes drückten am Tag nach der Demonstration ihre Bereitschaft aus, sich an Aktionen der Friedensbewegung zu beteiligen. Es ist jetzt unsere Aufgabe, diese Menschen anzusprechen und in unsere Arbeit einzubeziehen. Dies wird im November dieses Jahres während der mehr als 1000 örtlichen Friedenswochen geschehen, zu der die Aktion Sühnezeichen/Friedensdienste aufruft.

12. Wir bitten NRW-Kultusminister Girgensohn, den Schülern und Lehrern, die sich an der Demonstration beteiligt haben, daraus keinen irgendwie gearteten Nachteil erwachsen zu lassen.

13. Die Stationierung neuer Mittelstreckenraketen wird gegen den Willen großer und wachsender Teile der Bevölkerung nicht durchzusetzen sein. Vielleicht finden wir alle dadurch einen Weg, die Menschheit von der Drohung mit der gegenseitigen Totalvernichtung und vom Rüstungswahnsinn zu befreien.

Für die Veranstalter Aktion Sühnezeichen/Friedensdienste und Aktionsgemeinschaft Dienst für den Frieden: Volkmar Deile/Ulrich Frey/Andreas Zumach.

LIEBER FUßPILZ
ALS ATOMPILZ
MR. HAIG !
AUTO-S HILDER

Volkmar Deile
Wie weiter nach dem 10.10.81 – und was wir tun können

Der 10. 10. 1981 wird einmal als ein Wendepunkt in der Sicherheitspolitik unseres Landes betrachtet werden, die der Bonner Kundgebung folgenden Demonstrationen in den anderen westeuropäischen Ländern am 24./25. 10. und 29. 11. haben den Druck in Richtung einer gesamten westeuropäischen Neuorientierung überdeutlich gemacht. Der 21. November 1981 in Amsterdam und die Aktionen vom 6.–8. Dezember 1981 in Brüssel aus Anlaß der NATO-Ratstagung werden noch einmal unterstreichen, daß die Stationierung neuer atomarer Waffen gegen den Willen großer und wachsender Teile der Bevölkerung der westeuropäischen Länder nicht möglich ist.

Daraus ergibt sich die Notwendigkeit, die westeuropäischen Anti-Atomwaffenbewegungen untereinander zu vernetzen und stärker zusammenzuarbeiten. Der Anfang dazu ist gemacht. Der Interkirchliche Friedensrat der Niederlande hat sich fürs erste als Koordinationszentrale angeboten.

Wege müssen gesucht und gefunden werden, den amerikanischen Friedensbewegungen die Vorgänge in Westeuropa zu erklären und sie zu ermutigen, die Opposition gegen die Aufrüstungspolitik der Reagan-Regierung zu verstärken. Ein wichtiger Partner dabei wird die »Kampagne für ein Einfrieren der Nuklearwaffen« (als erstem Schritt) sein.

Der 10. 10. 1981 in Bonn hat der ganzen Republik, den großen Institutionen (Kirchen, Gewerkschaften) und den politischen Parteien die Absicht der Friedensbewegung deutlich gemacht, durch die Verhinderung der Stationierung neuer Atomwaffen einen Beitrag zum Aufhalten des Rüstungswettlaufes und zur Ermöglichung eines Abrüstungsprozesses zu leisten. Alle Sicherheitspolitik wird in Zukunft daran gemessen werden, ob sie diesem Ziel dient und näherkommt oder nicht. Nach der großen Friedensdemonstration beim Hamburger Kirchentag prophezeiten viele Politiker den baldigen Auflösungsprozeß der Friedensbewegung. Das Gegenteil ist der Fall gewesen. Die Friedensbewegungen werden weiter wachsen, wenn die Stationierung neuer Atomwaffen nicht politisch verhindert und der Rüstungswettlauf nicht angehalten wird.

Die Mobilisierung für den 10. 10. 1981 war anstrengend, ihr Erfolg hat die Mühen aber lohnend gemacht. Dennoch wäre es falsch, wenn die Energien der Friedensgruppen und Organisationen so beansprucht wären, daß sie jetzt in den Friedenswochen fehlen. Friedenswochen sind Basisarbeit. In dieser Basisarbeit müssen neue Menschen für unsere Sache gewonnen werden. Die Abschlußfrage von Bonn »welche fünf bringst Du das nächsta Mal mit« gibt die Richtung an. In den Friedenswochen kann sich das große Potential der

Friedensbewegung vergrößern. Man kann dort auch die Lokalpolitiker der Parteien einladen und ihnen zeigen, wie in der Bevölkerung über die Absichten der großen Parteien wirklich gedacht wird. Über 60 Prozent auch der konservativen Wahlbevölkerung sind gegen die Stationierung neuer Waffen, 30 Prozent der Bevölkerung kann sich nach dem 10. 10. 1981 vorstellen, sich an Aktionen der Friedensbewegung zu beteiligen. Die Friedensbewegung ist ein zum großen Teil noch schlafender, aber langsam erwachender Riese.

Besonders die lokalen SPD- und FDP-Politiker sollen in Diskussionen unsere guten Argumente zur Kenntnis nehmen müssen. Die FDP-Leute, damit Genscher keine ausreichende Unterstützung in der FDP kriegt, zu Kohl und Strauß zu wechseln, die SPD-Politiker, damit ihnen klar wird, daß sie im Frühjahr 1982 auf ihrem Parteitag sich nicht an einem NEIN zur Stationierung vorbeidrücken können. Helmut Schmidt hat 1977 mit der Entdeckung der sogenannten Sicherheitslücke schlichtweg einen Fehler gemacht. Wir wollen die Folgen dieses Fehlers nicht tragen, deshalb nimmt man ihn am besten zurück.

Falls dies nicht geschieht, verbleibt wenig Zeit, um die Stationierung neuer Atomwaffen noch zu verhindern. Von den Verhandlungen zwischen den USA und der UdSSR selbst ist dies kaum zu erwarten, obwohl auch am Verhandlungstisch der Druck der Friedensbewegung von größtem Nutzen sein wird. Aber alle Erfahrungen mit der Dauer und dem Erfolg von Verhandlungen widerspricht der Erwartung, von ihnen die Verhinderung der Stationierung zu erwarten.

Wenn keine politische Lösung des Problems zu erwarten ist, müssen die Friedensgruppen eigene Wege suchen, um die Stationierung zu verhindern. Diese Aktionen müssen strikt gewaltfrei und in ihren Absichten stets offen und kalkulierbar sein. Alles andere wäre leichtsinnig. Wir arbeiten an der Idee, daß Kirchengemeinden, Bürgerversammlungen, Kommunalparlamente das Gebiet, in dem sie leben und arbeiten, zur »atomwaffenfreien Zone« erklären. Kampagnen für solche Beschlüsse vor Ort wären ein Mittel, das sich für die lokal und regional arbeitenden Friedensgruppen anbietet. Lagekarten wird es im nächsten Frühjahr ausreichend für solch einen Plan geben. So könnte ein Ort dem nächsten folgen, bis wir die Karte der Bundesrepublik atomwaffenfrei erklärt haben. Die Gruppen sollten diese Aktionen bereits jetzt vorzubereiten beginnen. Diese »atomwaffenfreien Zonen vor der Haustür« werden zwar nicht zwangsläufig die Stationierung verhindern, aber sie machen den größten möglichen Druck, der vorstellbar ist.

Unsere Organisation und die Aktionsgemeinschaft Dienst für den Frieden haben die Friedenswochenarbeit mit einer langfristigen Perspektive begonnen. Dabei soll es bleiben. Voraussetzung des Erfolges ist die Beschränkung unserer Arbeit auf eine Initiatorenrolle (Impulse, Ideen, Erfahrungsaustausch, Materialien, Beratung) *und* eine selbstentscheidende, eigenverantwortliche Basis in Form von vielen Friedensgruppen.

Der 10. 10. 1981 hat gezeigt, daß fast alle Strömungen der Friedensbewegung sich auf einen Aufruf als Plattform einigen können. Diese Fähigkeit muß unbedingt erhalten werden. Deshalb müssen wir nicht nur unsere

Volkmar Deile und Gabi Scherle von der Aktion Sühnezeichen/Friedensdienste.

Unabhängigkeit gegenüber den großen Institutionen (Kirchen, Gewerkschaften, Parteien) erhalten, sondern auch unabhängig bleiben von den parteipolitisch orientierten Strömungen in der Friedensbewegung selbst. Mit den in der Friedensbewegung vorhandenen parteipolitischen Strömungen soll die *Zusammenarbeit* (ohne Aufgabe der Eigenständigkeit) gesucht werden, mit den Institutionen und Parteien selbst der Dialog. Am wichtigsten aber bleibt die Basisarbeit. Einen irgendwie gearteten Führungsanspruch sollte keine Gruppe in der Friedensbewegung für sich reklamieren.

Das Gespräch zwischen der Ökologie-, der Dritte Welt- und der Abrüstungsbewegung unter dem übergreifenden Stichwort »Frieden« muß fortgesetzt werden.

Wichtigstes Ziel der Friedensarbeit bleibt die Schaffung der Bereitschaft zu einseitigen, kalkulierten Abrüstungsschritten unserer Regierung, bzw. des westlichen Bündnisses. Das heißt nicht, daß wir an die UdSSR und den Warschauer Pakt keine Forderungen zu richten hätten. Erwartungen an größere Transparenz der sowjetischen Rüstung, an einseitige Schritte der UdSSR bei ihrer eigenen Rüstung sind zu äußern, die eigene Bereitschaft zu einseitigen, kalkulierten Schritten soll davon aber nicht abhängig gemacht werden. Ziel bleibt ein umfassender, wechselseitiger Abrüstungsprozeß, der sich in einseitigen Schritten vollzieht.

Die einseitig zu gehenden Schritte, bzw. weitergehenden politischen Ziele sind:

- Verzicht auf neue atomare Waffen
- Tatsächliche Unterbindung von Rüstungsexporten
- Defensive Umrüstung der Bundeswehr
- Alternativen zur Sicherheitspolitik, besonders soziale Verteidigung
- Denuklearisierung der Bundesrepublik Deutschland
- Atomwaffenfreies Europa (West und Ost)

Die augenblicklich zu beobachtende Verknüpfung des Zieles eines Abrüstungsprozesses mit Forderungen nach Neutralismus, Auflösung der Militärblöcke, Abzug fremder Truppen vom Territorium der BRD und der DDR, gar der »deutschen Frage« beurteilen wir kritisch. Wir sehen den Zusammenhang mit der notwendigen Abrüstung nicht. Der Beweis für diesen Zusammenhang ist bisher nicht erbracht. Mit diesen Vorstellungen korrespondiert die Feststellung, eine »blockübergreifende Friedensbewegung« sei möglich. Wir glauben das nicht. Friedensbewegungen in den Ländern Osteuropas müssen ebenso wie die in Westeuropa unter den Bedingungen ihres jeweiligen Landes und Paktsystems arbeiten. Diese Arbeit muß notwendigerweise eigenständig und nachweisbar selbständig sein.

Für unser Land und unser Bündnissystem streben wir eine kritische Mitgliedschaft in der NATO an, die eigene – heute deutlich den amerikanischen Interessen widersprechende – Vorstellungen in die NATO einbringt und eine eigene Friedenspolitik betreibt. Diese sehen wir am ehesten in einer neuen Entspannungspolitik gegenüber dem Osten, die Abrüstung ermöglicht. Selbstverständlich gehört es zu den eigenen Interessen unseres Landes, ein Selbstbestimmungsrecht bei der Stationierung atomarer Waffen auf deutschem Boden zu besitzen und praktizieren zu können. Eine der Voraussetzungen eines atomwaffenfreien Europas ist unseres Erachtens die Entspannung zwischen den Militärblöcken. Sie kann das Auseinanderrücken der Militärblöcke - zuerst mit den atomaren Waffen - möglich machen. Folgt man hier wiederum dem Konzept des Gradualismus, so ist dieser Prozeß in Schritten möglich, die aus der Denuklearisierung einzelner Länder entsteht. Hier liegt auch die Bedeutung der skandinavischen atomwaffenfreien Zone, oder das Angebot der neuen griechischen Regierung an Rumänien, einen atomwaffenfreien Balkan zu bilden. Dies sind konkrete Anfänge eines atomwaffenfreien Europas in Ost und West. Eine neue Ostpolitik unseres Landes kann diesen Prozeß der Denuklearisierung wirksam fördern, wobei wieder unser Eintreten gegen die Stationierung neuer Atomwaffen bei uns heute Voraussetzungen für solch eine neue Entspannungspolitik schaffen hilft.

Die Forderung nach Auflösung der Militärblöcke kann das genaue Gegenteil einer Denuklearisierung begünstigen. Die Verschärfung der Ost-West-Spannung und im Falle eines von den Großmächten unabhängigen Europas eine europäische Atomstreitmacht nach dem Muster der Force de Frappe in Frankreich, die schon lange keine Farce de Frappe mehr ist. Diese Entwicklung würde die angestrebte Denuklearisierung nur noch schwieriger machen.

Deutlich ist: Das Problem muß bald und intensiv in der ganzen Friedensbewegung diskutiert werden, wenn nicht falsche Weichenstellungen erfolgen sollen.

ATOMTOD

Soldaten aus den Niederlanden nahmen ebenfalls an der Kundgebung teil.

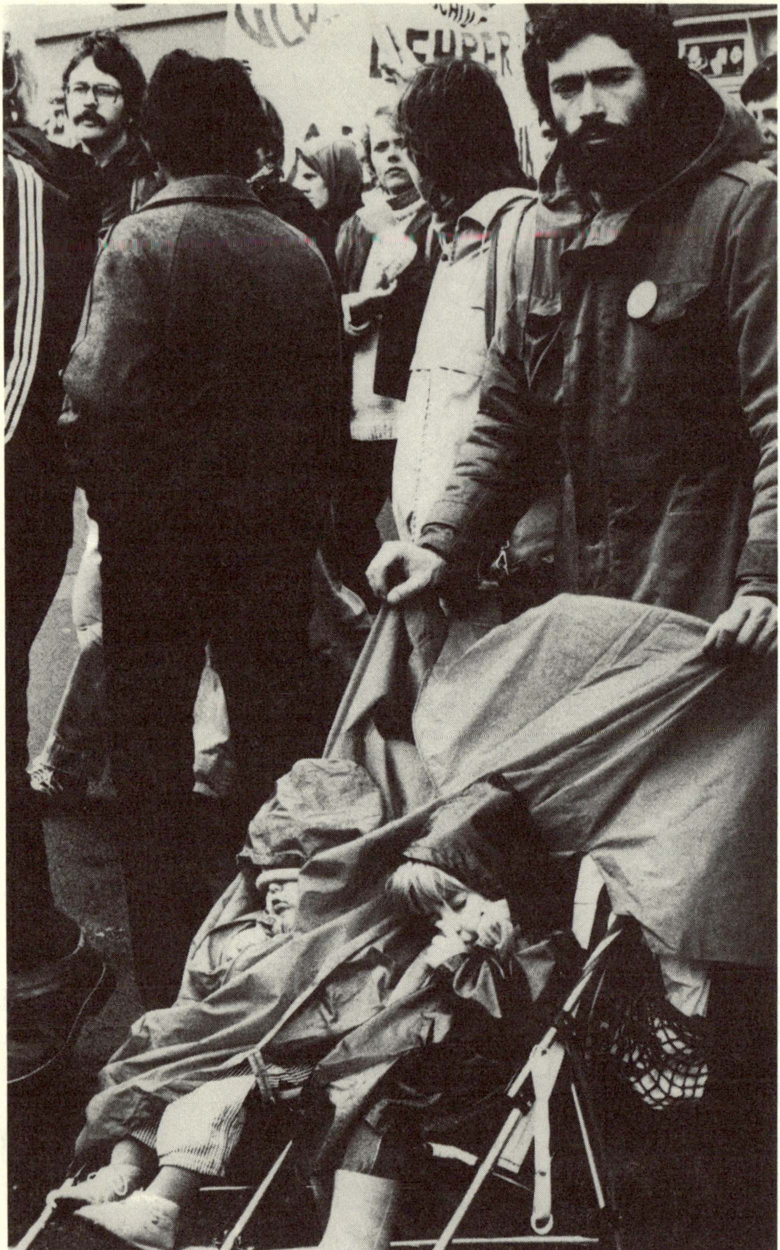

Buddhistische Mönche aus Nagasaki erinnerten die Teilnehmer der Friedensdemonstration an die schrecklichen Folgen eines Atombombenabwurfes.

Der Leadgitarrist der niederländischen Rockband »Bots«.

V

Die Friedensbewegung in der Bundesrepublik

Alwin Meyer/Karl-Klaus Rabe
Wer ist Wer in der Friedensbewegung?

Unmöglich, alle Gruppen, Initiativen, Organisationen, ... aufzuzählen, die sich in Sachen »Frieden« engagieren. Schwierig, sie auch noch alle auseinanderzuhalten. Und Abkürzungen gibt es da! ASF, ist das nicht die Arbeitsgemeinschaft sozialdemokratischer Frauen? Nee, das ist die AsF. Die mit dem großen S, das sind die von der Aktion Sühnezeichen/Friedensdienste, während die FAZ – die »Frankfurter Allgemeine Zeitung« – nichts mit dem KOFAZ, dem Komitee für Frieden, Abrüstung und Zusammenarbeit, zu tun hat.

Unsere Aufstellung der Friedensbewegung muß unvollständig sein. Hunderte von Anschriften fehlen. Wir hoffen, eine sinnvolle Auswahl getroffen zu haben. Deshalb: 62 Adressen, in der Regel mit einem kurzen erklärenden Text. Wer mehr wissen will, muß eine Postkarte an die jeweilige Anschrift senden und erfährt dann zum Beispiel von der Aktion Sühnezeichen/Friedensdienste, wo es überall in der Bundesrepublik lokale Friedenswochen-Initiativen, von Amnesty International, dem KOFAZ oder Terre des Hommes, wo Ortsgruppen dieser Organisationen arbeiten, ...

Alles in allem ist auf den folgenden Seiten ein recht repräsentatives Spektrum der bundesdeutschen Friedensbewegung aufgeführt worden. Parteien sind nicht angegeben. Was die machen, ist am besten bei den jeweiligen Ortsvereinen zu erfahren. Das gleiche gilt für Gewerkschaften und Jugendorganisationen, obwohl ein paar hier zu finden sind.

1. Kriegsdienstverweigerung/Zivildienst

Deutsche Friedensgesellschaft – Vereinigte Kriegsdienstgegner (DFG-VK), Rellinghauser Straße 214, 4300 Essen 1, Telefon (02 01) 2 58 04.

Die DFG-VK ist eine unabhängige Vereinigung von Menschen verschiedener Weltanschauungen und unterschiedlicher politischer Auffassungen, die sich einig sind in dem gemeinsamen Ziel und ihrem Willen, dem Krieg und seiner Vorbereitung jeden Dienst zu verweigern und an der Beseitigung aller Kriegsursachen mitzuarbeiten.

Die DFG-VK ist die älteste deutsche Friedensorganisation. Sie ist hervorgegangen aus dem Zusammenschluß der Deutschen Friedensgesellschaft mit der Internationale der Kriegsdienstgegner und dem Verband der Kriegsdienstverweigerer. Sie ist der deutsche Zweig der War Resisters' International (WRI).

Die DFG-VK erachtet die Verweigerung jeglichen Kriegsdienstes als einen wichtigen individuellen Beitrag gegen Krieg und Kriegsvorbereitung. Sie tritt für das Recht auf Kriegsdienstverweigerung in allen Ländern ein. Den Kriegsdienstverweigerern gewährt sie Schutz und Hilfe. Den Frieden zu sichern, die Demokratie zu gestalten – für diese Ziele wirbt und arbeitet die DFG-VK.

Anschriften der DFG-VK-Landesverbände
Berlin: DFG-VK, Pacelliallee, 1000 Berlin 31.
Hamburg/Schleswig-Holstein: Wilfried Twachtmann, Nernstweg 32, 2000 Hamburg 50.
Bremen/Niedersachsen: DFG-VK, Am Wall 164, 2800 Bremen 1.
Nordrhein-Westfalen: DFG-VK, Michael Gems, Postf. 250102, 43 Essen 11.
Hessen: DFG-VK, Hochstraße 56, 6000 Frankfurt 1.
Rheinland-Pfalz: Ulrike Julius, Jacob-Goldecker-Straße 40, 6500 Mainz.
Saarland: DFG-VK, Waldhausweg 7, 6600 Saarbrücken.
Baden-Württemberg: DFG-VK, Alberichstraße 9, 7500 Karlsruhe 21.
Bayern: DFG-VK, Martin-Greif-Straße 3, 8000 München 2.

Selbstorganisation Zivildienstleistender (SOdZDL), Hochstraße 56, 6000 Frankfurt 1, Telefon (06 11) 29 44 88.

Die SOdZDL versteht sich als gewerkschaftliche Interessenvertretung der Zivildienstleistenden. Sie ist basisdemokratisch in etwa 100 Gruppen in der Bundesrepublik organisiert. Vier Regionalbüros sowie die Bundeszentrale koordinieren die Arbeit. In unregelmäßigen Abständen finden Bundestreffen statt, auf denen Informationen und Erfahrungen ausgetauscht und Aktionen vorbereitet werden.

Ev. Arbeitsgemeinschaft zur Betreuung der Kriegsdienstverweigerer (EAK), Donandtstraße 4, 2800 Bremen 1, Telefon (04 21) 34 40 37.

Die EAK ist der Zusammenschluß von Vertretern regionaler Arbeitsgemeinschaften zur Betreuung der Kriegsdienstverweigerer, Vertretern kirchlicher Werke und Verbände, die sich mit dem kirchlichen Dienst an Kriegsdienstverweigerern befassen, und von landes- und freikirchlichen Beauftragten für Fragen der Kriegsdienstverweigerung und des Zivildienstes.

Die EAK fördert die Arbeit der genannten Institutionen im Bereich Kriegsdienstverweigerung und Zivildienst und vertritt ihn gegenüber kirchlichen und staatlichen Stellen sowie gesellschaftlichen Gruppen, insbesondere hinsichtlich Recht und Praxis der Kriegsdienstverweigerung und des Zivildienstes. Sie unterstützt die Zusammenarbeit mit den Organisationen der Kriegsdienstverweigerer, der Zivildienstleistenden und der an der Durchführung des Zivildienstes beteiligten Einrichtungen.

Arbeitsstelle für katholische Seelsorge an Zivildienstleistenden, Königstraße 3, 5000 Köln 1, Telefon (02 21) 23 07 94.

Ev. Kirche in Deutschland, Referat KDV und ZD, Kiesstraße 18, 6100 Darmstadt, Telefon (0 61 51) 4 40 88.

Einzige Chance zum
für uns und unsere Kinder
Entspannung-Abrüstung-Frieden
und jetzt

Gruppe Kollektiver gewaltfreier Widerstand gegen Militarismus (K.G.W.), Gerd Büntzly, Bahnhofstraße 119, 6501 Harxheim.

Arbeitsschwerpunkt der K.G.W. ist die Totalverweigerung, das heißt die Verweigerung aller Auflagen der Wehrpflicht, einschließlich des Zivildienstes. Für diese Gewissensentscheidung nehmen die Totalverweigerer auch Haftstrafen in Kauf. Aufgrund der drohenden Einberufung von Frauen zum Militär haben diese in letzter Zeit in der Gruppe größere Aktivitäten entfaltet. Die K.G.W. ist der Graswurzel-Föderation angeschlossen und verfolgt damit ihre Ziele durch gewaltfreie, direkte Aktionen.

2. Friedensarbeit/Friedensinitiativen

Aktion Sühnezeichen/Friedensdienste (ASF), Jebensstraße 1, 1000 Berlin 12, Telefon (030) 31 02 61.

Aus der Geschichte lernen um einer friedlicheren Zukunft willen, das ist das Anliegen der 1958 gegründeten ASF. In den letzten 20 Jahren haben mit ihr über 8 000 Freiwillige einen Friedensdienst geleistet. Heute arbeiten 160 Freiwillige für 12 oder 18 Monate in Westeuropa, den USA oder Israel, fahren 40 Gruppen jährlich nach Polen in die Gedenkstätten Auschwitz, Majdanek und Stutthof. Die ASF stellt sich der Vergangenheit, übt in täglich gelebter Praxis Solidarität mit Randgruppen: mit ausländischen Arbeitern, Strafentlassenen, alten und kranken Menschen, geistig und körperlich Behinderten. In der Bundesrepublik setzt sie sich vor allem gegen rechtsextreme Tendenzen ein und initiiert die bundesweite Friedenswoche im November unter dem Motto »Frieden schaffen ohne Waffen« zusammen mit der Aktionsgemeinschaft Dienst für den Frieden, mit der sie gemeinsam auch das Festival der Friedensdienste organisiert, das jährlich Pfingsten stattfindet.

Aktionsgemeinschaft Dienst für den Frieden (AGDF), Blücherstraße 14, 5300 Bonn 1, Telefon (02 28) 22 91 92.

Unfrieden bedroht andere und uns ständig in vielerlei Gestalt. Der Frieden, den wir dagegen suchen, kommt nicht über Nacht. Frieden wächst in einem langwierigen Prozeß, wenn wir uns gemeinsam mit Beharrlichkeit, Liebe, Phantasie und kritischer Kleinarbeit engagieren. Unsere kleinen und großen Opfer sind Bausteine des Friedens. Rückschläge bleiben nicht aus.

In den Diensten der AGDF organisieren sich Menschen mit christlicher und gewaltfreier Haltung. Mit ökumenischen Gruppen und gleichgerichteten politisch und sozial tätigen Partnern arbeiten sie im In- und Ausland in unterschiedlichen Projekten. Sie wollen Gewalt, Unfreiheit, Not und Angst aufdecken, ihre Ursachen darstellen und ihnen mit exemplarischer Arbeit entgegenwirken. Das geschieht in Aktionsgemeinschaft zwischen den Mitgliedern der AGDF und ihrer gemeinsamen Geschäftsstelle.

Die AGDF hat sich zum Ziel gesetzt, jedermann einem seinem Können und seinen Fähigkeiten gemäßen Beitrag zum Frieden zu ermöglichen.

Abfahrt Gleis 3
Koblenz
Abfahrt Gleis 2

Die AGDF ist die Dachorganisation von 15 Friedensorganisationen in der Bundesrepublik. Ihre Mitglieder sind: Aktion Sühnezeichen/Friedensdienste, Aktionsgemeinschaft Friedenswoche Minden, Arbeitsgemeinschaft für Friedensdienst Laubach, Brethren Service Commission, Christlicher Friedensdienst, Christliches Initiativ- und Studienzentrum Dortmund, Church and Peace, Eirene, Ev. Studiengemeinschaft, Internationales Freundschaftsheim Bückeburg, Offensive Gemeinde - Sozialdienst, Ökumenische Förderergemeinschaft für soziale Dienste - Kinder in Not, Stiftung Soziale Friedensdienste Pfalz, Versöhnungsbund und Weltfriedensdienst.

Aktionsgemeinschaft Solidarische Welt (ASW), Friedrichstraße 236, 1000 Berlin 61, Telefon (030) 2 51 02 65.

ASW - 1957 gegründet - finanziert ausschließlich Initiativen einheimischer Träger in der Dritten Welt, vorwiegend in Indien, in einigen westafrikanischen Ländern, und zunehmend im südlichen Afrika. Dabei handelt es sich um Ausbildungsprogramme im ländlichen Bereich. Dorfentwicklungsprojekte, Rechtshilfe, Flüchtlingshilfe (Selbsthilfeprojekte). Im eigenen Bürobereich werden demokratische und egalitäre Strukturen aufgebaut; Mitarbeiter erhalten vergleichsweise niedrige Gehälter. In Zusammenarbeit mit ASW-Regionalgruppen und anderen Solidaritäts-und Basisgruppen soll hierzulande auf das Bewußtsein der Bevölkerung Einfluß genommen werden.

Amnesty International (ai), Heerstraße 178, 5300 Bonn 1.

Durch Proteste, Petitionen und durch Information der Öffentlichkeit versuchen ai-Gruppen in vielen Ländern moralischen Druck auf die jeweiligen Regierungen auszuüben, für die Freilassung politischer Gefangener, die weder Gewalt angewendet noch zur Gewaltanwendung aufgerufen haben. - ai setzt sich in der Bundesrepublik u.a. für eine restriktivere Rüstungsexportgesetzgebung ein.

Anti-Apartheid-Bewegung (AAB), Blücherstraße 14, 5300 Bonn 1.

Die AAB sieht ihre Aufgabe u.a. darin, in der Bundesrepublik die wirklichen Verhältnisse im südlichen Afrika bekannt zu machen, die wirtschaftlichen, politischen und kulturellen Beziehungen der Bundesrepublik mit Südafrika aufzudecken, die eine Unterstützung der weißen Minderheit auf Kosten der schwarzen Mehrheit bedeuten, den unterdrückten Völkern im südlichen Afrika durch Aktionen in der Bundesrepublik Solidarität zu erweisen. - Die AAB führt mit der Ev. Frauenarbeit einen Boykott südafrikanischer Krügerrand-Goldmünzen durch.

Arbeitsgemeinschaft Evangelische Schülerarbeit (AES), Föhrenstraße 35, 5600 Wuppertal 2, Telefon (02 02) 50 29 28.

Die AES ist Teil der Ev. Jugendarbeit in der Bundesrepublik. Schwerpunktthema der von ihr betriebenen politischen Bildungsarbeit ist »Frieden«. Eine dazu eingesetzte Projektgruppe nimmt den Auftrag wahr, den Gremien und Landesschülerarbeiten der AES Materialien und Diskussionsbeiträge zur Verfügung zu stellen.

Nicht der Krieg,
sondern der
ist der
GHG
Gustav-Heinemann-Gesamtschul
rlin

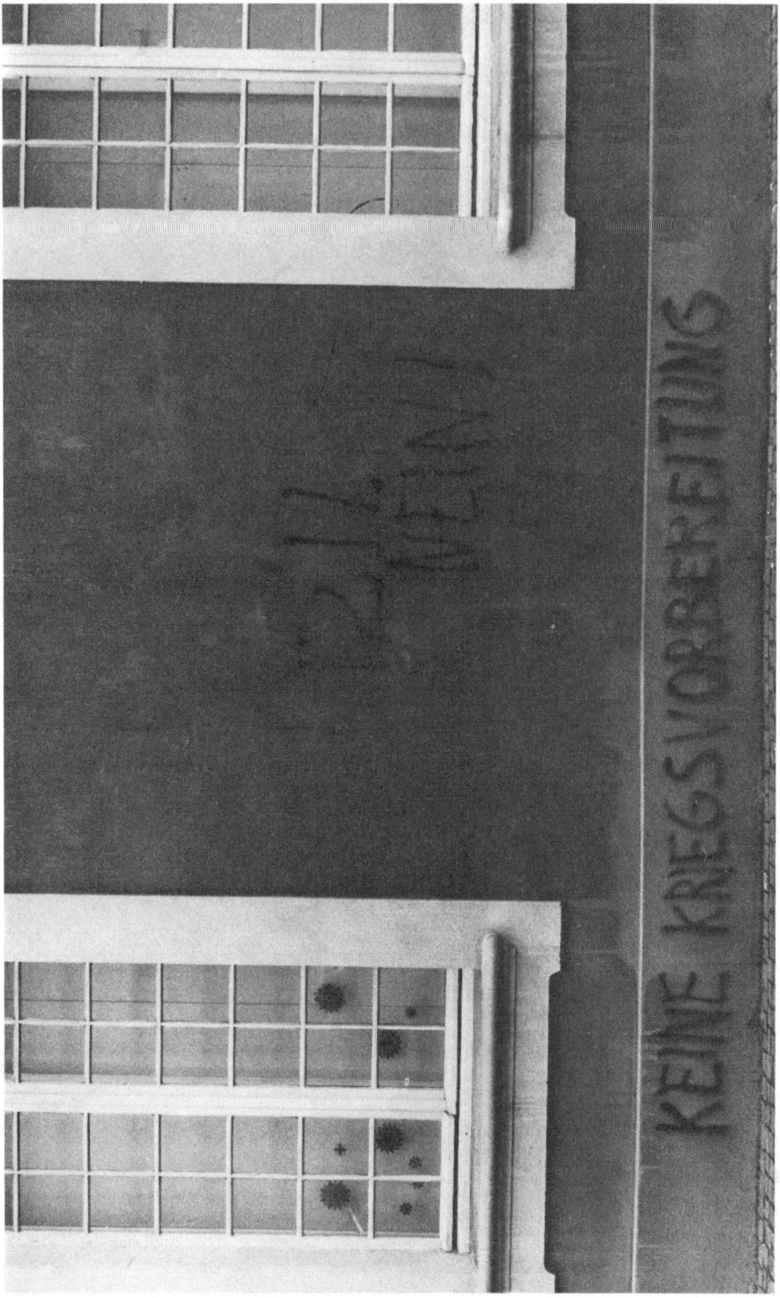
KEINE KRIEGSVORBEREITUNG

Krieg ist ein gutes
Geschäft
Mütter investiert
Eure Kinder

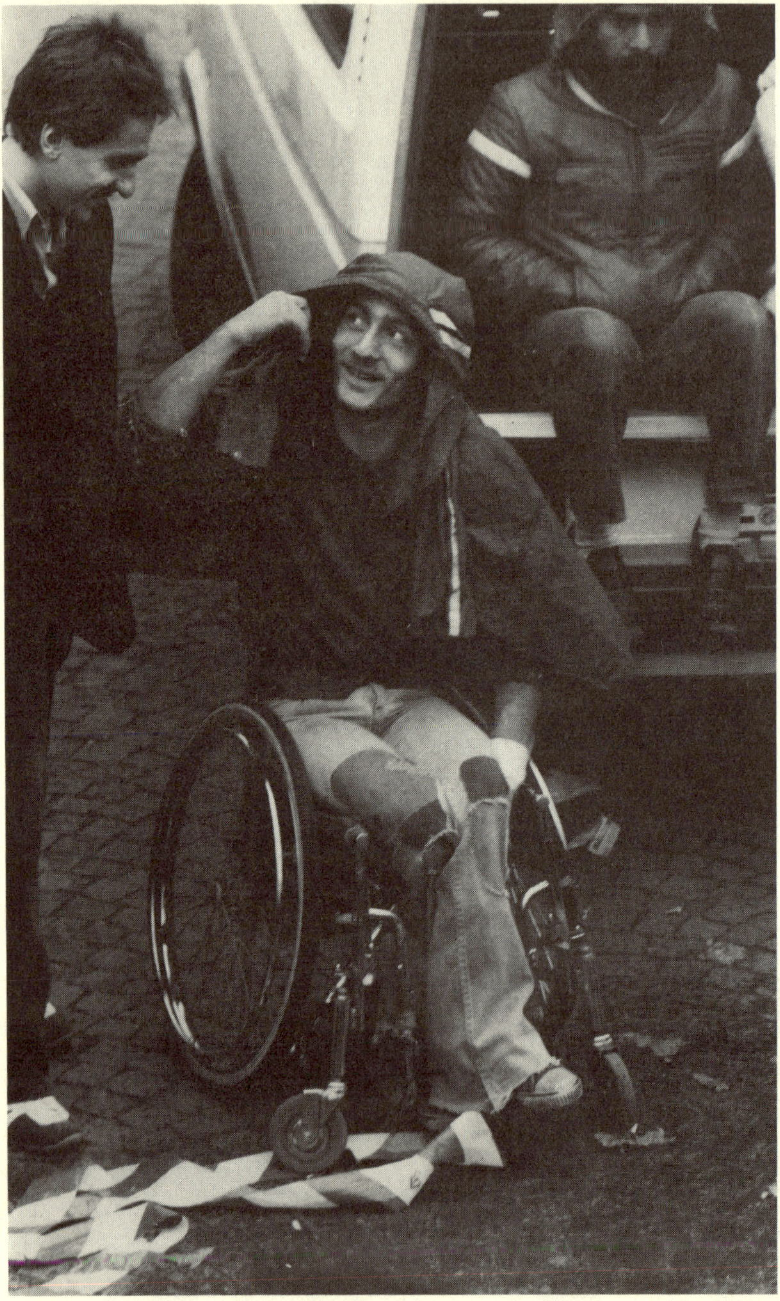

FRIEDEN DURCH RÜSTUNG
PERVERS!!
EUROPA
EINTRETEN

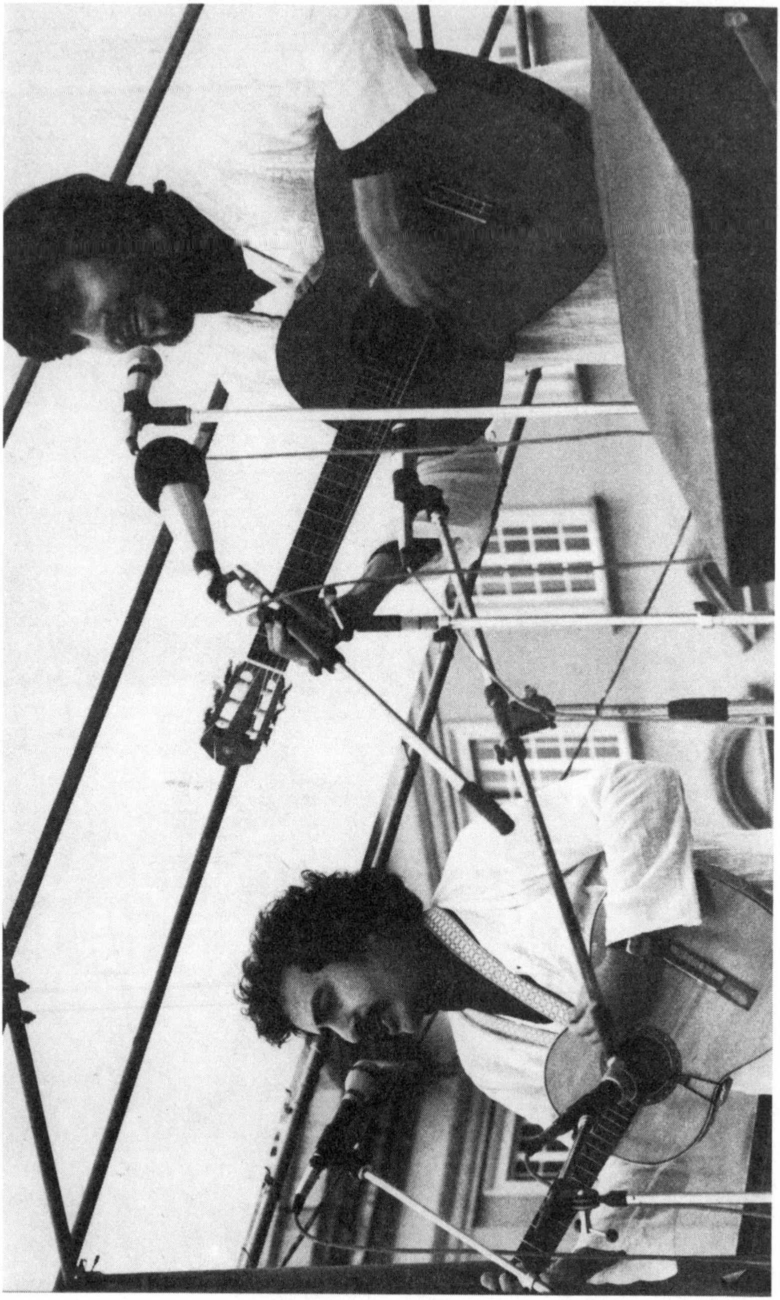

... und im
FRIEDEN LEBEN
macht auch
viel mehr
SPASS

Bielefelder Appell, c/o Gerhard Pahmeyer, Kissingerstraße 24, 4930 Detmold.

Im Bielefelder Appell »Mut für eine bessere Zukunft« fordern Sozialdemokraten »den Bundesvorstand der SPD, die SPD-Bundestagsfraktion und den sozialdemokratischen Bundeskanzler auf, dafür Sorge zu tragen, daß

- ohne weitere Verzögerung und ohne größere Denkpausen Verhandlungen aufgenommen werden, um die euro-strategischen Waffensysteme in Europa zu begrenzen (miteinander reden statt gegeneinander rüsten),
- die Stationierung atomarer Mittelstreckenraketen in Westeuropa durch die Rücknahme des NATO-Beschlusses doch noch verhindert wird.«

Bis Mitte dieses Jahres waren unter den 10 000 Unterzeichnern des Bielefelder Appells neun Bundestagsabgeordnete und 16 Landtagsabgeordnete.

Bürgerinitiative Garlstedter Heide, Ernst Busche, An der Gete 40, 2800 Bremen 1, Telefon (04 21) 44 66 45.

Die Bürgerinitiative wehrt sich gegen die militärische Nutzung der Garlstedter Heide nördlich Bremens. Sie hat u.a. über 50 000 Unterschriften gegen den dortigen Kasernenbau gesammelt.

Bundesverband Bürgerinitiativen Umweltschutz (BBU), Hellbergstraße 6, 7500 Karlsruhe 21, Telefon (07 21) 57 42 48.

Der BBU versteht sich als Teil der Friedensbewegung. Er fordert die Abschaffung und Ächtung von Massenvernichtungsmitteln, die Verwirklichung ernsthafter Abrüstungsmaßnahmen und die Einschränkung der Umweltzerstörungen bei militärischen Aktivitäten.

Christen für die Abrüstung, Simon-Peter Gerlach, Trinenkamp 44, 4650 Gelsenkirchen.

Die Christen für die Abrüstung arbeiten hauptsächlich innerhalb der Kirchen und Gemeinden und wollen Christen für eine Welt ohne Rüstung gewinnen. Es werden Seminare, Podiumsveranstaltungen und Kongresse durchgeführt, auf friedenspädagogischem Sektor Hilfestellung geleistet, Versuche unternommen, mit kirchlichen Gremien Gespräche zu führen, ...

Christen gegen die Atomrüstung, Ökumenisches Zentrum, Achim Battke, Allmandring 6, 7000 Stuttgart 80, Telefon (07 11) 68 23 44.

Die Christen gegen die Atomrüstung – im katholischen Bereich verankert – lehnen den Einsatz von Atomwaffen bedingungslos ab. Sie halten ihn für unvereinbar mit dem Beispiel und der Botschaft Jesu Christi sowie mit dem Auftrag der Kirchen und fordern als ersten Schritt den Verzicht auf die Stationierung neuer Atomwaffen in der Bundesrepublik. Sie wollen darauf hinwirken, daß unsere Kirchen mehr als bisher konkret ihren Teil zu Frieden und Abrüstung beitragen.

Christen gegen die Aufrüstung, Elmar Reuter, Schwindstraße 8, 6000 Frankfurt.

Die Christen gegen die Aufrüstung sind ein Arbeitskreis der Basisgemeinde Frankfurt, die sich als bewußt politisch handelnde Personalgemeinde versteht, die aus dem Evangelium heraus für Schwache und Unterdrückte Partei nimmt. Sie gehen zielorientierte politische Bündnisse ein. Der Arbeitskreis hat bisher u.a. drei Anzeigen in der »Frankfurter Allgemeinen« veröffentlicht, die von den Unterzeichnern finanziert wurden, mit dem Inhalt: »Wir verzichten auf Verteidigung durch Bundeswehr und NATO«, »Die Bundesrepublik ist nicht zu verteidigen« und »NATO-'Nach'-rüstung macht Europa unsicherer«.

Christliche Friedenskonferenz (CFK), Limonenstraße 45, 1000 Berlin 45, Telefon (030) 8 32 50 60.
Die CFK wurde 1958 in Prag gegründet. Ihr gehören Kirchen, Gemeinden und einzelne Christen in mittlerweile allen Kontinenten an, die aus ihrem christlichen Glauben heraus für Frieden und Versöhnung über alle Grenzen hinweg wirken. Die Westberliner CFK-Gruppe arbeitet - frei von Vorurteilen und Berührungsängsten - mit allen Gruppierungen zusammen, die ihr Anliegen teilen.

Christlicher Friedensdienst (CFD), Rendeler Straße 9–11, 6000 Frankfurt 60, Telefon (06 11) 45 32 30.
Der CFD versteht sich als friedenspädagogische Bewegung. Er geht davon aus, daß einzelne und Gruppen, die sich in unserer Gesellschaft engagiert für Frieden und Gerechtigkeit einsetzen, einen Lernprozeß durchmachen, und er setzt seine organisatorischen Mittel dafür ein. Zu diesem Zweck führt er internationale Jugendlager, Seminare und Aktionen durch.

Church and Peace, Ringstraße 21, 6331 Schöffengrund.
Church and Peace ist eine Koordinierungsstelle der »historischen Friedenskirchen« (Mennoniten, Quäker, Church of the Brethren) in Europa, die eng mit dem Versöhnungsbund zusammenarbeitet. Neben theologischen Tagungen stellt der »Pflugscharfond« eine bekannte Initiative der Organisation dar. Aus seinen Spendenmitteln werden Projekte der Umstellung von Rüstungsindustrie auf zivile Produktion bzw. Vorstudien für solche Projekte gefördert, ferner der ökumenische Erfahrungsaustausch in gewaltfreier Aktion und die Verbreitung von Kenntnissen in gewaltfreiem Handeln in der Breite der Bevölkerung.

DGB-Jugend, Hans-Böckler-Straße 37, 4000 Düsseldorf 1, Telefon (02 11) 4 20 11.
Zum Antikriegstag (1. September) führt die DGB-Jugend auf Bundesebene Aktionen durch, 1979 unter dem Motto »Nie wieder Krieg! Abrüstung - Gewinn für uns!«, 1980 »Einzige Chance: Entspannung, Abrüstung, Frieden - weltweit«, 1981 »Verhandeln statt rüsten - Ächtung der Atomwaffen in Ost und West«. Dazu erstellt sie entsprechende Materialien.

Dokumentationsstätte Sievershausen, Kirchweg 4, 3160 Lehrte, Telefon (0 51 75) 36 61.
In einem Antikriegshaus wird eine Dokumentationsstätte zu Kriegsgeschehen und über praktische Friedensarbeit eingerichtet. Es sollen Initiativen angeregt und Gruppen gefördert werden, die den Frieden unter den Völkern zum Ziel haben. Dazu werden Seminare und andere pädagogische

Maßnahmen durchgeführt, Materialien gesammelt, ausgewertet und ausgestellt.

Eirene – Internationaler Christlicher Friedensdienst, Engerser Straße 74b, 5450 Neuwied 1, Telefon (0 26 31) 2 20 11.

Eirene (griechisches Wort für Frieden) ist ein ökumenischer, internationaler Friedensdienst, der 1957 von Mitgliedern der historischen Friedenskirchen (Mennoniten, Quäker, Church of the Brethren) gegründet wurde. Er organisiert neben einem Entwicklungsdienstprogramm (Afrika, Lateinamerika) auch ein Europa-Programm, wo Freiwillige mit Kriegsdienstverweigerern, Gastarbeitern, Behinderten, Alkoholkranken und anderen sozialen Randgruppen arbeiten. – Es besteht die Möglichkeit, einen Dienst in einem der beiden Programme anstelle des Zivildienstes abzuleisten!

Ev. Studentengemeinden in der Bundesrepublik und Berlin West (ESG), Kniebisstraße 29, 7000 Stuttgart 1.

In der Rothenfelser Erklärung haben die ESGs Forderungen zur Abrüstungsplanung an die Bundesregierung gestellt, u.a. keine Stationierung neuer Atomwaffen, einseitige Abrüstungsvorleistungen, Entfernung sämtlicher Atomwaffen aus der Bundesrepublik und Ausarbeitung alternativer Verteidigungskonzepte.

Frauen für den Frieden, Eva Quistorp, Schlüterstraße 28, 1000 Berlin 12.

Die Frauen für den Frieden sind eine Bürgerinneninitiative, die durch den Appell der skandinavischen Frauen für den Frieden angeregt worden ist. Es sind junge und alte Frauen, Pfarrerinnen, Schülerinnen, Hausfrauen und Gewerkschafterinnen, Mütter, Frauen aus Kirchengemeinden und autonomen Frauengruppen, die sich in verschiedenen Städten beim Unterschriftensammeln, bei Gesprächen oder Demonstrationen kennengelernt haben. Sie wollen keine Kriege mehr lindern als Schwesternhelferinnen oder im Zivilschutz, sondern Kriege verhindern. Sie haben begonnen, einen Steuerboykott – ähnlich dem Stromzahlungsboykott – vorzubereiten.

Frauen in die Bundeswehr? Wir sagen NEIN!, Bonner Straße 208a, 5650 Solingen 11, Telefon (0 21 22) 7 90 64.

Die Initiative geht davon aus, daß Frauen in der Bundeswehr – ob freiwillig oder dienstverpflichtet – eine weitere Militarisierung bedeuten würde. Einen entsprechenden Aufruf haben über 60 000 Frauen bislang unterschrieben. Am 6. 12. 1980 führte die Initiative drei Demonstrationen in Bonn, Hamburg und München durch, an der 9 000 teilnahmen.

Graswurzel- und Gewaltfreie Aktionsgruppen, Graswurzel-Werkstatt, Steinbruchweg 14, 3500 Kassel-Bettenhausen, Telefon (05 61) 51 59 53.

Graswurzler, Graswurzelgruppen und Gewaltfreie Aktionsgruppen konzentrieren sich in ihrer Arbeit auf folgende Arbeitsgebiete: 1. Ökologie a) Atomkraftwerke, b) Individualverkehr (Autobahnen, Stadt und Verkehr), 2. antimilitaristische Arbeit a) Kriegsdienstverweigerung (besonders Ersatzdienstverweigerung), b) Friedenserziehung (Training für Gewaltlosigkeit), c) antimilitaristische Märsche.

Es bleibt keine Wahl

Informationszentrum Dritte Welt, Weißenburger Straße 23, 4600 Dortmund 1, Telefon (02 31) 57 40 57.

Es besteht seit 1971, ist politisch unabhängig, hat ein Ladenlokal, in dem Waren aus der Dritten Welt und entwicklungspolitische Literatur verkauft werden, gibt die unregelmäßig erscheinende Zeitschrift »Information Dritte Welt« heraus, hat eine Leihbücherei und ein Zeitschriftenarchiv und macht Veranstaltungen zu entwicklungspolitischen Themen.

Initiativgruppe der ehemaligen wehrpflichtigen und freiwilligen Soldaten der Bundeswehr, Ulrich Hofmann, Beim Andreasbrunnen 8, 2000 Hamburg 20.

Die Gruppe protestiert gegen die zunehmende Militarisierung und ist zum Kriegsdienst nicht mehr bereit. Sie hat sich entschlossen, Anträge zur Anerkennung als Kriegsdienstverweigerer zu stellen.

Katholische Studierende Jugend (KSJ), Gabelsberger Straße 19, 5000 Köln 1, Telefon (02 21) 42 68 91/41 24 00.

Die KSJ hat als Mitgliedsverband des Bundes der Deutschen Katholischen Jugend eine langwährende Tradition in der Friedensarbeit. Bundesweit hatte der Schülerverband in den Jahren 1978 und 1979 zu dezentralen Gedenkaktionen aus Anlaß des Gedächtnisses der Reichspogromnacht (9. 11. 1938) und des Einmarsches der deutschen Wehrmacht im September 1939 in Polen aufgerufen. Derartiges Engagement pflanzte sich auch auf Ortsebene fort. Seit 1980 beschäftigt sich der Verband intensiv mit Fragen der Abrüstung und hat entsprechende Materialien erstellt.

Komitee für Frieden, Abrüstung und Zusammenarbeit (KOFAZ), Gottesweg 52, 5000 Köln 51, Telefon (02 21) 36 16 76.

Das KOFAZ wendet sich gegen alle Versuche, durch neue Waffensysteme (Neutronenbombe, neue Mittelstreckenraketen) und durch ständige Erhöhung der Rüstungshaushalte, besonders im Rahmen des NATO-Langzeitprogramms, das Wettrüsten zu beschleunigen. Es ist der Überzeugung, daß der politischen Entspannung die militärische folgen muß. Das KOFAZ organisiert Unterschriftensammlungen, Aktionskonferenzen, Seminare, Demonstrationen und verbreitet Aufklärungsmaterialien.

Komitee für Grundrechte und Demokratie, An der Gasse 1, 6121 Sensbach 3, Telefon (0 60 68) 26 08.

Das Komitee setzt sich für die unverkürzte Verwirklichung der Grundrechte für alle Bürger ein. Es hat einen Aufruf »Für eine atomwaffenfreie Zone in Europa« veröffentlicht und arbeitet mit dem Arbeitsfeld Militarismus im Sozialistischen Büro (Postfach 5917, 6050 Offenbach 4) zusammen, das einige Bundestreffen zu friedenspolitischen Fragestellungen durchgeführt hat.

Krefelder Appell, c/o Josef Weber, Amsterdamer Straße 256, 5000 Köln 30.

Der Krefelder Appell wurde von über 1,5 Millionen Menschen in der Bundesrepublik unterschrieben und fordert von der Bundesregierung, »die Zustimmung zur Stationierung von Pershing-II-Raketen und Marschflugkörpern in Mitteleuropa zurückzuziehen; im Bündnis künftig eine Haltung

Christen für Frieden
ohne Rüstung
EVANG. STUDENTEN-
GEMEINDE

einzunehmen, die unser Land nicht länger dem Verdacht aussetzt, Wegbereiter eines neuen, vor allem die Europäer gefährdenden nuklearen Wettrüstens sein zu wollen«. Zu den Mitinitiatoren des Krefelder Appells gehören Gert Bastian, Karl Bechert, Petra Kelly, Martin Niemöller und Christoph Strasser.

Ohne Rüstung leben – Arbeitskreis von Pro Ökumene, Werner Dierlamm, Albert-Schweitzer-Straße 50, 7012 Fellbach.

Die Aktion versendet seit April 1978 einen Aufruf »An alle Christen«, der die Selbstverpflichtung enthält: »Ich bin bereit, ohne den Schutz militärischer Rüstung zu leben. Ich will in unserem Staat dafür eintreten, daß Frieden ohne Waffen politisch entwickelt wird.« Die Selbstverpflichtung wurde seither von 16000 Personen in der Bundesrepublik unterzeichnet. Die Aktion hält Kontakt mit den Unterzeichnern durch Informationen, die jährlich drei- bis viermal erscheinen.

Pax Christi – Internationale Katholische Friedensbewegung, Windmühlstraße 2, 6000 Frankfurt, Telefon (06 11) 23 33 07.

Pax Christi fühlt sich verantwortlich dafür, daß die Christen immer wieder auf ihre Verpflichtung hingewiesen werden, im Vertrauen auf die Gegenwart des auferstandenen Christus und seines befreiendes Geistes daran mitzuarbeiten, der Welt zunehmend die Strukturen des Friedens einzuprägen. Gegenwärtige Schwerpunkte der Arbeit sind Friedenserziehung im außerschulischen Bereich und die Rüstungsproblematik. Eine Plattform zum Thema Abrüstung und Sicherheit wurde veröffentlicht, ebenso wie zahlreiche Arbeitsmaterialien, u.a. zum Weltfriedenstag der katholischen Kirche, dem 1. Januar.

Terre des Hommes, Postfach 4126, 4500 Osnabrück, Telefon (05 41) 7 30 36.

Algerien 1960, Biafra 1968, Vietnam 1970: Die internationale Kinderhilfsorganisation Terre des Hommes hat in den 20 Jahren ihrer Tätigkeit viele Kinder aus dem Feuer und der Brutalität unmenschlicher Kriege herausgeholt. Tausenden, Hunderttausenden konnte sie nicht helfen; ihre Schmerzen, ihre Klagen, ihre hoffnungslose Situation mahnen uns täglich. Terre des Hommes gibt jährlich etwa 10 Millionen Mark für Entwicklungshilfeprojekte aus. Neben dieser konkreten Arbeit, Unterstützung von Sebsthilfeinitiativen in der Dritten Welt und von benachteiligten Kindern und Jugendlichen in der Bundesrepublik, versuchen immer mehr Arbeitsgruppen der Organisation, durch intensive Öffentlichkeitsarbeit zur Friedens- und Rüstungsproblematik, alle Menschen an allen Orten wachzurütteln. So wurden 1980 Aktionen zum 35. Jahrestag des ersten Atombomben-Abwurfs auf Hiroshima, eine Anzeigenkampagne gegen Rüstung, Krieg, Hunger, viele örtliche Friedenswochen, Aktionen gegen Kriegsspielzeug und zur Friedenserziehung durchgeführt. Zahlreiche Materialien über Waffenhandel, Hiroshima, Kriegsspielzeug etc. sind erhältlich.

Versöhnungsbund (VB), Jochen-Klepper-Straße, 2082 Uetersen, Telefon (0 41 22) 4 24 55.

Der VB ist eine internationale Friedensbewegung, die am Ende des Ersten Weltkrieges gegründet wurde und sich gegen Krieg und militärische Gewalt

Gegen atomar
Bedrohung

wendet. Die meisten Mitglieder kommen aus dem Bereich der evangelischen Kirchen. Der VB kämpft gegen die verschiedenen Arten struktureller Gewalt, gegen Rassismus, für eine Veränderung von Wirtschaftsformen, die den Menschen zum Objekt der Ausbeutung degradiert, sowie für eine Überwindung von Spannungen zwischen Ost und West. Er will seine Ziele gewaltfrei durchsetzen.

Verband Christlicher Pfadfinderinnen und Pfadfinder (VCP), Postfach 1248, 6460 Gelnhausen 1.

Der VCP, der evangelische Pfadfinderbund in der Bundesrepublik, hat sich 1979 die Friedensarbeit unter dem Motto »Pfadfinderinnen und Pfadfinder für der Frieden« als langfristige Aufgabe gestellt. Obwohl im Verband zum Beispiel das Problem des »Friedensdienstes mit und ohne Waffen« kontrovers diskutiert wird, ist das Ziel »Friede ohne Waffen« allen gemeinsam und unverzichtbar. Der VCP strebt – im Rahmen seiner Möglichkeiten – aktive Zusammenarbeit mit Friedensdiensten und Friedensinitiativen an; ein Schwerpunkt ist die konkrete Hilfe bei Entwicklungsprojekten in der Dritten Welt.

Weltfriedensdienst (WFD), Friedrichstraße 236, 1000 Berlin 61, Telefon (030) 2 51 05 16.

Der WFD – 1959 gegründet – stellt einheimischen Partnerorganisationen in der Dritten Welt Mitarbeiter zur Verfügung, wobei sichergestellt sein soll, daß weder personelle noch materielle Hilfe eigene Initiativen der betroffenen Bevölkerung lähmen, sondern sie in Gang setzen helfen. Das betrifft zur Zeit ländliche Entwicklungsprogramme mit praxisbegleitender Fortbildung einheimischer Mitarbeiter in Senegal, Obervolta, Kapverden, Palästina; ein integriertes Fachkräfteprogramm in Mozambique ist im Aufbau. In Zusammenarbeit mit anderen Entwicklungshilfeorganisationen – aber auch in Kommunikation und Koordination mit anderen gesellschaftlichen Kräften – soll hierzulande auf das Bewußtsein der Menschen eingewirkt werden.

3. Friedensforschung/Friedenserziehung

Institut für Friedensforschung und Sicherheitspolitik, Arbeitsgruppe Rüstung und Unterentwicklung, Von Melle-Park 15, 2000 Hamburg 13, Telefon (040) 41 23 36 89.

Der Schwerpunkt der Arbeit, die vor allem durch Projekte finanziert wird, liegt im Forschungsbereich. Themen: Rüstung und Unterentwicklung in der Dritten Welt, Rüstungsexporte vor allem aus der Bundesrepublik, Rüstungsproduktion in Westeuropa, Militärpolitik in der Bundesrepublik, Rüstungswerbung. Zur Verbreitung der Arbeitsergebnisse dienen Veröffentlichungen, Teilnahme an Veranstaltungen und Einladung an alle Interessierten, die zu Militär, Rüstung und Unterentwicklung in bestimmten Ländern oder Regionen der Dritten Welt arbeiten, ihre Materialien einzusehen.

STEN IN DER SPD

Arbeitsgemeinschaft für Friedens- und Konfliktforschung (AFK), c/o Justus-Liebig-Universität, Institut für Soziologie, Karl-Glöckner-Straße 21, 6300 Gießen, Telefon (06 41) 7 02 52 30.

Der AFK gehören etwa 160 Wissenschaftler und 20 Forschungsinstitute an. Sie hat sich zur Aufgabe gestellt, mit möglichst wenig Institution die für die Friedensforschung und -praxis verfügbaren Kapazitäten zusammenzufassen und zu aktivieren. Arbeitsgruppen, wissenschaftliche Kolliquien und Publikationen sind die wesentlichen Formen der Zusammenarbeit innerhalb der AFK.

Berghof-Stiftung für Konfliktforschung (BSK), Winklerstraße 49, 1000 Berlin 33.

Deutsche Gesellschaft für Friedens- und Konfliktforschung (DGFK), Theaterplatz 28, 5300 Bonn 2.

Forschungsstätte der Ev. Studiengemeinschaft (FEST), Schmeilweg 5, 6900 Heidelberg.

Hessische Stiftung für Friedens- und Konfliktforschung (HSFK), Leimenrode 29, 6000 Frankfurt 1.

Institut für Friedensforschung und Sicherheitspolitik (ISFH), Falkenstein 1, 2000 Hamburg 55.

Arbeitsgemeinschaft Friedenspädagogischer Bildungseinrichtungen (AFPB), Burkhard Luber, Postfach 4029, 4952 Porta Westfalica.

Die AFPB ist ein Zusammenschluß von Bildungseinrichtungen, die auf dem Gebiet der Friedenserziehung tätig sind. Die Mitglicdsorganisationen arbeiten auf folgenden Schwerpunkten: Erstellung und Verkauf von Medien, Ausstellungen, Arbeitsmaterialien zur Friedenserziehung, Durchführung von Seminaren zur Friedensproblematik, Mithilfe bei der Veranstaltung von Friedenswochen, Durchführung einer zweijährigen Friedensarbeiterausbildung.

Arbeitsgemeinschaft für Friedenspädagogik (AGFP), Bavariastraße 28, 8000 München 70, Telefon (089) 76 43 84.

Die AGFP wurde 1975 begründet und wird seit 1977 durch die Berghof-Stiftung für Konfliktforschung finanziert. Sie versteht sich primär als Vermittlungsinstitution zwischen Friedensforschung und Öffentlichkeit. Dabei bedient sie sich der Mittel: didaktische Ausstellung (»Es ist so schön, Soldat zu sein«, »Sie nennen es Frieden«), Tonbildschau und Diaserie (»Rüstungsexport und Unterentwicklung«, »Feindbilder und Vorurteile«) sowie einer Reihe von Broschüren zu friedensrelevanten Themen, die im Selbstverlag herausgegeben werden.

Friedenspolitische Studiengesellschaft (FPS), Nernstweg 32–34, 2000 Hamburg 50, Telefon (040) 36 78 88.

Die FBS ist eine Einrichtung zur Verbreitung der Ergebnisse und Erkenntnisse der Friedens- und Konfliktforschung und setzt sich kritisch mit den politischen Strömungen in der Friedensbewegung auseinander. Ihr Ziel ist eine wissenschaftliche Qualifizierung der in der Friedensarbeit tätigen Personen. Die FBS ist in drei Abteilungen – Friedenspädagogisches Bildungswerk, Kommunikations-Centrum und Dokumentations- und Forschungsstelle – gegliedert.

Internationales Freundschaftsheim Bückeburg (IFH), Weinberg 10, 3062 Bückeburg, Telefon (0 57 22) 10 93.

Im IFH finden seit 1980 zweijährige Ausbildungslehrgänge zur Friedensarbeit statt, die speziell für Mitarbeiter im kirchlich-sozialen Bereich, aber auch für andere Interessenten gedacht sind und in insgesamt sechs einwöchigen Seminaren und Praktika durchgeführt werden (maximal 15 Teilnehmer). Schwerpunkte: Themen und Methoden der Friedensarbeit, Grundkenntnisse in Friedensforschung, praktische Erprobung und Umsetzung der Ausbildung in die eigene Berufssituation, ... Vorausgesetzt wird die Anerkennung der Gewaltfreiheit als methodische Grundlage der Friedensarbeit, eine wohlwollende Toleranz gegenüber religiösen Glaubensinhalten als Lebensbezug und die kontinuierliche Teilnahme an alles sechs Seminaren.

Verein für Friedenspädagogik Tübingen, Seelhausgasse 3, 7400 Tübingen, Telefon (0 70 71) 44 01.

Der Verein hat sich vor allem zwei Aufgaben gestellt: 1. Die Verbreitung von Ergebnissen der Friedensforschung und von Materialien zur Friedenserziehung. Dazu erstellt er kommentierte Literaturübersichten. 2. Die Unterstützung der Kommunikation und des Erfahrungsaustausches aller an der Friedensforschung und Friedenserziehung Interessierten. Im regionalen Bereich bietet er Seminare und Beratung an bzw. vermittelt diese im jeweils regionalen Bezug.

Finanzierung der Demonstration und Kundgebung vom 10.10.1981 in Bonn

Ausgaben

1. Druck von Materialen
2. Lautsprecher/Bühnen
3. Redner/Musik (Reisekosten, Unterkunft, Verpflegung)
4. Wasser/Strom/Technik
5. Telefone (Büro der Aktionsgemeinschaft Dienst für den Frieden in Bonn und im Hofgarten)
6. Toilettenwagen
7. Sanitätsdienst
8. Porto (für Materialien etc.)
9. Büromaterialien
10. Personalkosten (Organisationskomitee)

Insgesamt betragen die Kosten ungefähr DM 250 000.

Einnahmen

1. Verkauf der von Aktion Sühnezeichen/Friedensdienste und Aktionsgemeinschaft Dienst für den Frieden entworfenen, erstellten und vertriebenen Flugblätter, Plakate, Ansteckknöpfe und Aufkleber.
2. Einnahme von Standgeldern der Essens- und Bücherstände am 10. 10. 1981 in Bonn.

Dadurch wurden etwa DM 180 000 eingenommen.

Defizit

Das Defizit von cirka DM 70 000 soll beglichen werden

- durch den Verkauf der zum 14. 11. 1981 vorliegenden Dokumentation »Bonn 10. 10. 1981: Friedensdemonstration für Abrüstung und Entspannung in Europa«, die von der Aktion Sühnezeichen/Friedensdienste und der Aktionsgemeinschaft Dienst für den Frieden herausgegeben wird;
- durch Spenden.

Die Fotografen

Werner Bachmeier: Seiten 1, 19, 23, 65, 84, 89, 134, 162, 173, 175.

René Böll: Seiten 10, 15, 24, 32, 39, 94, 119, 145, 191, 206, 209.

Kristina Eriksson: Seiten 22, 31, 43, 49, 64, 73, 80, 92, 97, 101, 107, 122, 128, 153, 157, 169, 174, 181, 182, 189, 192, 199, 201, 203, 205, 217.

Anne Huhn: Seiten 8, 17, 34, 37, 46, 66, 68, 70, 75, 76, 171, 190.

Alwin Meyer: Seiten 21, 23, 83, 86, 105, 110, 115, 117, 118, 120, 121, 123, 124, 125, 126, 131, 136, 139, 142, 148, 150, 155, 158, 167, 172, 176, 177, 179, 185, 187, 188, 193, 194, 204, 207, 208, 213, 215, 219, 224.

Zeichnung auf Seite 52: Interkirchlicher Friedensrat (Niederlande).

WELCH FÜNF BRINGST D
DAS NÄCHSTE MAL MIT?